大学受験　一問一答シリーズ

現代文漢字一問一答【完全版】

京都大学名誉教授
漢検・漢字文化研究所所長
阿《あ》辻《つじ》哲《てつ》次《じ》　監修

東進ブックス

はしがき

本書は大学入試で出題される漢字問題の一問一答集です。本書を手に取っている方の中には、漢字が苦手な方、あるいは、他の入試科目に集中したいから漢字対策に時間をかけられない、という方が多いのではないかと思います。確かに漢字の数・熟語の数は膨大ですから、限られた時間の中ですべてを学習することは非常に難しいでしょう。

そこで、**「短期間で効率よく得点力を高める」**というコンセプトのもとで制作されたのが本書です。大学入試の問題を徹底的に分析した結果に基づき、膨大な漢字の中から**試験に「出る」漢字のみ**を厳選しました。本書を繰り返し学習すれば、大学入試の漢字問題に自信を持って解答できるようになるはずです。

ところで皆さんは、「漢字学習」にどのような印象を持っているでしょうか。最近はスマートフォンなどで予測変換ができますから、「わざわざ漢字を勉強するなんて」と思うかもしれませんね。しかし、漢字の知識を修得することは、**語彙力の向上**（つまり、言葉の「引き出し」が増えること）と密接に関わっています。漢字力・語彙力は、現代文や小論文はもちろん、数学や地歴公民など**あらゆる科目の土台**になります。さらにそれだけではありません。漢字力・語彙力が備わることで、**自分の考えを的確に表現したり、他者の主張を深く理解したりできるようになる**のです。そのため、漢字学習は受験だけにとどまらず、将来的に社会に出てからも役に立つ重要なものだと言えるのです。

本書を通して、皆さんの漢字学習が実り多きものになるよう、心から願っています。

編集部より

本書の構成と使い方

本書は、次の**全3章**からなる漢字問題の一問一答集です。

第1章　書き取り問題

文中の太字カタカナ部分を漢字に直す問題です。過去問で「書き取り問題」として出題された回数が多い順に問題を掲載しています。

第2章　読み問題

文中で傍線が引かれた漢字の読みを答える問題です。過去問で「読み問題」として出題された回数が多い順に問題を掲載しています。

第3章　共通テスト対策

設問文（▼で始まる文章）の指示に従い、その答えとして最も適切なものを選択肢から一つ選ぶ問題です。共通テストおよびセンター試験の過去問をもとに編集・作成しました。

❶チェックボックス

間違えた問題などにチェックを入れ、復習の際に活用してください。

チェックボックスの上に＊が付いている漢字は**現代文の重要語**です。意味も併せて確認しておきましょう。

❷頻出度

第1章・第2章では、節ごとに「頻出度」を示しています。★の数が多いほど頻出度が高いことを意味します。

★★★…最頻出：入試に最もよく出る最重要漢字。

★★……頻出：やや難易度の高い入試頻出漢字。

★………標準：出題頻度は低いが、覚えておくと差がつく漢字。

❸問題文

章ごとに問題形式が異なります。文全体をよく読んで解答しましょう。

❹正解

問題の正解です。原則、常用漢字を用いて表記しています。第3章では、カタカナ部分の漢字を示すとともに正解の選択肢に丸を付けています。

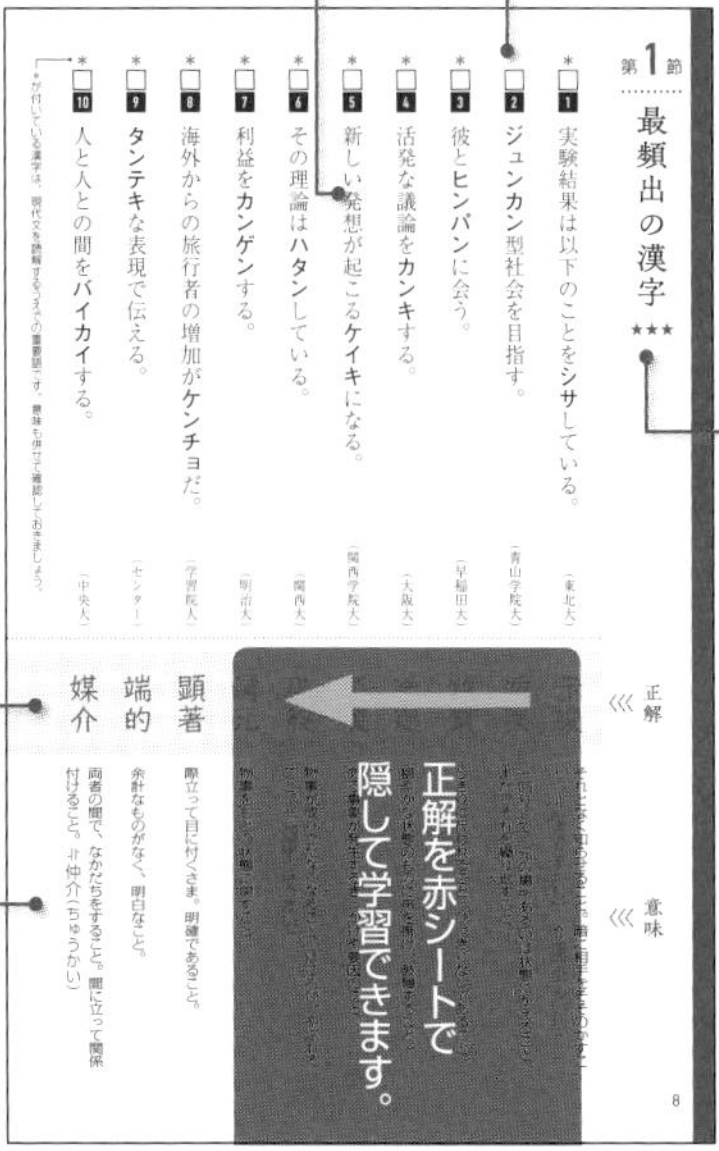

❺意味

正解の漢字（語）の意味です。正解のヒントにならないよう、一部ひらがなで表記しています。覚えておきたい重要な類義語や対義語、よくある誤答、その他の注意点も記載しています。

本書の特長

◆試験に「出る」漢字を徹底分析

本書の制作にあたり、われわれは現役東大生と共に大規模な大学入試問題分析を敢行。共通テスト（＋センター試験）を25年分・主要23大学計151学部の現代文入試問題を各10年分、合計1116題[※1]4152問[※2]を対象に、次の二点について分析を行いました。

①どのような漢字（語）が出題されたか。

②どのような形式で出題されたか。

（「書き取り[※3]／読み／四字熟語／慣用句／その他の形式」の五つに分類）

こうして得られた5000個以上の語を、問題形式別に出題回数順でランキング化し、その結果をもとに問題を作成しました。そのため、入試で本当に必要な漢字を最短距離で修得することができます。

また、漢字検定2級・準2級の直近の試験で出題された各級の配当漢字も、90％以上収録しています。

なお、四字熟語・慣用句については、分析の結果、全体的に出題頻度が低いことが判明しました（下図参照）。そのため、本書ではあえて個別の章は作らず、比較的問われていた四字熟語・慣用句のみを第1～3章の問題に含める形としました。

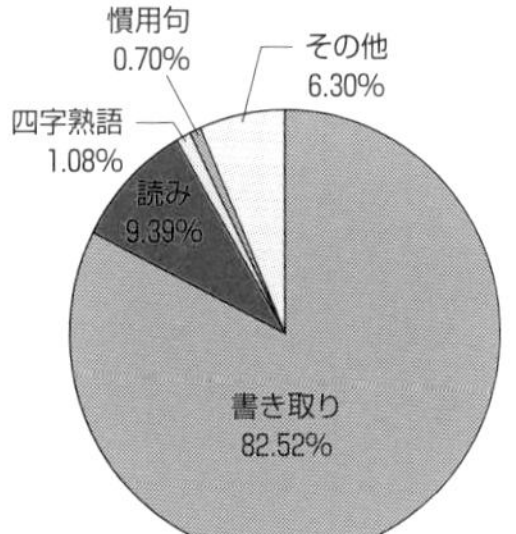

▲問題形式別の出題割合[※4]

◆漢字力・語彙力が効率良く身に付く

すべての出題漢字にその語の「意味」を掲載。また、特に押さえておきたい「類義語・対義語」も併記しました。さらに、現代文を読解するうえで重要な語（現代文語彙）に関しては、チェックボックスの上に＊を付けました。＊付きの漢字は必ず「意味」も確認しておきましょう。

これらの工夫によって、漢字を学ぶと同時に語彙力も高めることが可能です。

▼出題回数ランキング 上位の漢字

順位	漢字	出題回数			
		合計	書き	読み	その他
1	示唆 しさ	18	16	2	0
1	循環 じゅんかん	18	16	0	2
3	頻繁 ひんぱん	17	15	1	1
4	契機 けいき	15	15	0	0
5	喚起 かんき	14	14	0	0
5	破綻 はたん	14	11	3	0
7	顕著 けんちょ	13	12	0	1
7	浸透 しんとう	13	12	0	1
9	還元 かんげん	12	12	0	0
9	端的 たんてき	12	12	0	0
9	媒介 ばいかい	12	12	0	0
12	過剰 かじょう	11	11	0	0
12	賠償 ばいしょう	11	11	0	0
12	擁護 ようご	11	11	0	0
12	踏襲 とうしゅう	11	10	1	0
12	厄介 やっかい	11	10	1	0
12	輪郭 りんかく	11	10	1	0
12	軌道 きどう	11	10	0	1
19	枯渇 こかつ	10	10	0	0
19	遭遇 そうぐう	10	10	0	0
19	喪失 そうしつ	10	10	0	0
19	曖昧 あいまい	10	9	1	0
19	均衡 きんこう	10	9	1	0
19	消耗 しょうもう	10	9	1	0
19	皆無 かいむ	10	8	2	0
19	培う つちか(う)	10	7	3	0

▼分析対象大学・分析した小問数

No.	大学	学部数	小問数
1	北海道大学	5	77
2	東北大学	4	59
3	千葉大学	4	186
4	一橋大学	5	68
5	東京大学	6	42
6	名古屋大学	5	120
7	京都大学	11	25
8	大阪大学	5	116
9	神戸大学	4	51
10	広島大学	3	51
11	九州大学	4	64
12	青山学院大学	5	133
13	学習院大学	4	422
14	上智大学	1	41
15	中央大学	7	491
16	法政大学	11	380
17	明治大学	8	419
18	立教大学	10	288
19	早稲田大学	10	231
20	同志社大学	8	10
21	関西大学	10	180
22	関西学院大学	10	425
23	立命館大学	11	148
24	共通テスト	-	15
25	センター試験	-	110
	合計	151	4152

▼漢字検定２級・準２級カバー率(2022年度)

2級(高校卒業・大学・一般レベル)	91.7%
準2級(高校在学レベル)	91.1%

※2022年度試験3回分で出題された各級の配当漢字について、本書の問題文・類義語・対義語に掲載されているかを算出。

※1：現代文の大問数にかかわらず、漢字問題が出題されていれば「1」とカウントした場合の合計。

※2：漢字問題の小問・枝問をすべて数え上げた場合の合計。

※3：共通テスト・センター試験のような「傍線部に相当する漢字を含むものを選ぶ」形式は、書き取りの力を問う問題であると判断したため、「書き取り」にカウントした。

※4：小数点以下第3位を四捨五入しているため、合計は100%にならない。

もくじ

●本書で使用する記号●

【正解】［ ］…正解の漢字の「別解」（こちらを書いてもよい）
【意味】＝…正解の漢字の「類義語」のうち、特に重要な語
【意味】⇕…正解の漢字の「対義語」のうち、特に重要な語
【意味】×…よくある誤答の例
（傍線が引かれている漢字を誤りやすい）
【意味】!…その他の注意点

第1章

書き取り問題

大学入試の問題を分析し、よく出題される漢字を集めました。頻出度の高い順に並んでいますので、まずは前から順番に解いてみてください。

大学入試では、日常的によく見るけれど、いざ書くとなるとひっかかるような漢字が狙われます。「実際に書く」練習を心掛けましょう。また、熟語は丸暗記するのではなく、漢字それぞれの意味もセットで覚えるようにしましょう。

第1節

最頻出の漢字 ★★★

*□1 実験結果は以下のことを**シサ**している。（東北大）

□2 **ジュンカン**型社会を目指す。（青山学院大）

*□3 彼と**ヒンパン**に会う。（早稲田大）

*□4 活発な議論を**カンキ**する。（大阪大）

*□5 新しい発想が起こる**ケイキ**になる。（関西学院大）

*□6 その理論は**ハタン**している。（関西大）

*□7 利益を**カンゲン**する。（明治大）

*□8 海外からの旅行者の増加が**ケンチョ**だ。（学習院大）

*□9 **タンテキ**な表現で伝える。（センター）

*□10 人と人との間を**バイカイ**する。（中央大）

＊が付いている漢字は、現代文を読解するうえでの重要語です。意味も併せて確認しておきましょう。

正解	意味
示唆	それとなく知らせること。暗に相手をそのかすこと。≒暗示（あんじ）⇔明示（めいじ）
循環	一回りして、元の場所あるいは状態にかえること。また、それを繰り返すこと。
頻繁	しきりに行われること。ひっきりなしであること。
喚起	穏やかな状態のものに声を掛け、鼓舞すること。
契機	ある事象が発生するきっかけや要因のこと。
破綻	物事が成り立たなくなること。ほころび、やぶれること。≒崩壊（ほうかい）
還元	物事をもとの状態に戻すこと。
顕著	際立って目に付くさま。明確であること。
端的	余計なものがなく、明白なこと。
媒介	両者の間で、なかだちをすること。間に立って関係付けること。≒仲介（ちゅうかい）

*11 惑星の**キドウ**を観測する。（北海道大）

12 生活に深く**シントウ**している。（東京大）

13 国民の人権を**ヨウゴ**する。（関西学院大）

14 顔の**リンカク**線を描く。（学習院大）

*15 **アイマイ**な定義。（千葉大）

16 発表の経験は**カイム**だ。（早稲田大）

*17 **キンコウ**を保つ。（法政大）

18 資源が**コカツ**する。（東京大）

19 神経を**ショウモウ**させる。（青山学院大）

*20 緊迫した場面に**ソウグウ**する。（学習院大）

21 **ソウシツ**感に駆られる。（一橋大）

軌道 物体が運動するときに描く一定のみちすじ。

浸透 液体や気体がしみとおること。思想や風潮などが広く行きわたること。

擁護 危害などから、積極的にかばい守ること。⇔侵害（しんがい）

輪郭 物の外形を形作っている線。物事のあらまし。

曖昧 態度や物事がはっきりせず、いいかげんなこと。

皆無 経験や存在などがまったくないこと。≒絶無（ぜつむ）

均衡 力や重さなどの釣り合いが程よく取れていること。≒平衡（へいこう）

枯渇 水などがかれてなくなること。人や物がすっかり減少し、不足してしまうこと。

消耗 使い切ってなくなること。体力や気力を使い果たすこと。

遭遇 不意に出くわすこと。思いがけない人や出来事にあうこと。

喪失 今まであったものをなくすこと。抽象的な事柄についていうことが多い。⇔獲得（かくとく）

□22 知識を**ツチカ**う。（東京大）

□23 損害の**バイショウ**金を請求する。（明治大）

＊□24 前任者のやり方を**トウシュウ**する。（大阪大）

＊□25 先例に**イキョ**する。（神戸大）

＊□26 **カクシン**をついた意見。（青山学院大）

＊□27 健康になることを**カジョウ**に求める。（広島大）

□28 **クウソ**な議論。（中央大）

＊□29 民主主義的な制度が**クチク**された。（大阪大）

□30 水は生命の誕生に大きく**コウケン**した。（東京大）

□31 **ジュンタク**な資源。（立命館大）

□32 文化の**シンコウ**を図る。（明治大）

培
能力や性質をしっかりと養い、育てること。根元に土をかけて植物を育てること。

賠償
他の人に与えた損害をつぐなうこと。≒弁償（べんしょう）

踏襲
前人のやり方や説をそのまま取り入れ、受け継ぐこと。

依拠
あるものに基づくこと。よりどころとすること。≒準拠（じゅんきょ）

核心
物事の中枢となる重要な部分。⇔周縁（しゅうえん）

過剰
必要な程度や数量を超え、差し障りができること。

空疎
しっかりした内容がなく、見せかけだけであることやそのさま。≒空虚（くうきょ）

駆逐
追い払うこと。馬や車などに乗って追いかけること。

貢献
ある物事や社会のために尽力し、利益をもたらすこと。≒寄与（きよ）

潤沢
物資や利益などが豊かでゆとりがあること。つや・うるおい。≒豊富（ほうふ）

振興
学術や産業などを盛んにすること。

□33 膨大な量のデータを**チクセキ**する。（学習院大）
□34 潜在能力を**ハッキ**する。（名古屋大）
□35 問題全体を**ホウカツ**的に考える。（中央大）
□36 目標を達成しようとする姿勢を**ホウキ**する。（明治大）
□37 **ヤッカイ**な課題に取り組む。（名古屋大）
*□38 **イショウ**を凝らした建築物。（法政大）
□39 状況は**イゼン**として変わらない。（千葉大）
□40 劣勢の相手に降伏を**ウナガ**す。（関西学院大）
*□41 外界と**カクゼツ**する。（共通テスト）
*□42 歴史的な**ケイイ**を学ぶ。（広島大）
*□43 道路が**コウサク**する。（中央大）

蓄積 たくさんたくわえること。また、その溜まったものを指す。
発揮 持っている能力や特性などを十分に働かせ、外へ表し出すこと。
包括 全体をひっくるめて、ひとまとめにすること。
放棄 投げすてること。自分の権利などをすてて行使しないこと。
厄介 手間がかかり、わずらわしいこと。
意匠 物を美しく見せる装飾上の工夫。デザイン。
依然 事物の状態が長い間変わらず、同じであるさま。
促 物事を早くするように急き立てること。ある行為をするように仕向けること。
隔絶 他とかけ離れていること。へだたって一切の関係がなくなること。
経緯 そこに至るまでの道筋。物事の込み入った事情。≒経過（けいか）
交錯 いくつかのものが入りまじること。

44 任務を**スイコウ**する。（関西大）

*45 物質の生成を**ソガイ**する。（関西学院大）

46 敵の侵攻を**ソシ**する。（法政大）

47 土地問題で**ソショウ**を起こす。（関西大）

48 理不尽な**ソチ**に対抗する。（北海道大）

49 **ダイタイ**的な手段を取る。（東京大）

50 生徒の英作文を**テンサク**する。（中央大）

51 **ボンヨウ**な人生を送る。（京都大）

52 とりとめのない**モウソウ**にふける。（立教大）

*53 理論の修正を**ヨギ**なくされる。（北海道大）

54 **カンペキ**を目指す。（立教大）

遂行 物事を最後までやり通すこと。任務や仕事をやりとげること。⇕中断（ちゅうだん）

阻害 隔て、遮ること。邪魔をすること。⇕促進（そくしん）

阻止 邪魔をして、次に行われようとしていることをとどめること。

訴訟 公の場にうったえ出て裁決を願うこと。

措置 事態に応じて判断を下し、必要な手続きを取ること。

代替 他のものをかわりにすること。≒代理（だいり）

添削 他人の文章などを、書き加えたりけずったりして、改めること。

凡庸 普通で、特にすぐれたところのないことやそのさま。⇕異才（いさい）

妄想 根拠のないことを、あれこれと頭の中におもい描くこと。

余儀 他に取るべき方法。また、別の意見や事情のこと。

完璧 欠点が全くないことやそのさま。無欠ですぐれているさま。×完壁

*□ 55 先生の教えに**カンメイ**を受けた。（青山学院大）

□ 56 外国人の発音を**キョウセイ**する。（明治大）

□ 57 相手の**キョソ**に目を向ける。（早稲田大）

*□ 58 **ケイハツ**的な書物を読む。（北海道大）

□ 59 賃貸物件を**ケイヤク**する。（中央大）

*□ 60 **ケネン**を抱く。（京都大）

□ 61 作品の**コウセツ**を問わず多くの本を読む。（大阪大）

□ 62 冷静に考えず**ショウドウ**的に行動する。（一橋大）

□ 63 スポーツを**ショウレイ**する。（広島大）

□ 64 日本との関係が**ソエン**な地域。（中央大）

*□ 65 他者に**ソクバク**される。（法政大）

感銘 忘れられないほど深くかんどうすること。心に刻み込んで忘れないこと。

矯正 欠点や誤りなどを改善すること。
≒是正（ぜせい）

挙措 立ち居振る舞いや動作。

啓発 人が気付かずにいることを、教え導くこと。

契約 二人以上の意思が合って生じる法律上の行為。やくそくすること。

懸念 気にかかって不安がること。心配すること。

巧拙 上手なことと下手なこと。

衝動 はっきりとした目的を持たずに物事を行おうとする、抑えがたい内部的な欲求。

奨励 ある物事を良いこととして、実行をすすめはげますこと。⇔禁止（きんし）

疎遠 とおざかっていて希薄な関係であること。音信や訪問が長く途絶えていること。

束縛 思想・感情・行動に制限を加えて、自由を奪うこと。
⇔解放（かいほう）

□66 職務**タイマン**と言われても仕方ない。（学習院大）

*□67 想定される結果が**タキ**にわたる。（中央大）

□68 すっかり**ダラク**してしまった。（明治大）

□69 手作業の**チミツ**さに驚かされる。（法政大）

□70 内心の**ドウヨウ**を隠す。（関西大）

□71 **トクメイ**による殺害。（早稲田大）

*□72 真情を**トロ**する。（中央大）

□73 景色を**ナガ**める。（千葉大）

*□74 **バクゼン**とした印象を持つ。（青山学院大）

*□75 **フダン**の努力が実を結ぶ。（東北大）

□76 より大きな概念に**ホウセツ**される。（学習院大）

怠慢　やらなければならないことをなまけて、おろそかにすること。

多岐　物事がいくつにも分かれていること。

堕落　節操を失うこと。身を持ち崩すこと。おちぶれること。

緻密　細部まで注意が行き届き、手落ちのないこと。きめ細かいこと。

動揺　心や気持ち、物体がゆれうごくこと。心の平静を失うこと。≒不安(ふあん)

匿名　自分のせいめいを隠して知らせないこと。

吐露　心に思っていることを、隠さずすべて述べ表すこと。

眺　視野に入るものの全体を見ること。そばで物事の成り行きを見ること。

漠然　ぼんやりとして、はっきりしないさま。⇔明確(めいかく)

不断　絶え間なく続くこと。

包摂　ある事柄や概念をより大きな範囲の中につつみ入れること。

□77 運命に**ホンロウ**される。（関西学院大）

*□78 過去の研究をすべて**モウラ**する。（明治大）

□79 **ユウカイ**事件が解決した。（センター）

□80 **ユウズウ**が利く人。（関西大）

*□81 **イカン**の意を表明する。（学習院大）

□82 独裁政権を正当化してきた**イセイ**者。（中央大）

*□83 壮大な光景に**イフ**の念を抱く。（明治大）

□84 仕事を**イライ**する。（法政大）

*□85 会社の**エンカク**。（早稲田大）

□86 最悪の事態に**オチイ**る。（立教大）

□87 命が**オビヤ**かされる。（中央大）

翻弄 思うがままにもてあそぶこと。

網羅 残らず取り入れること。×綱羅

誘拐 巧みに人をだましてさそい出し、そのまま連れ去ること。≒拉致（らち）

融通 必要に応じ、自在に処理すること。互いに障害もなく受け入れ合うこと。

遺憾 思ったようにならず心残りであることやそのさま。≒残念（ざんねん）

為政 （「いせい者」の形で）せいじを行う人のこと。

畏怖 おそれおののくこと。×畏怖

依頼 人に用件をたのむこと。あるものをたのみにすること。

沿革 物事の移り変わりや、今日までの歴史のこと。

陥 望ましくない状態になること。

脅 危険な状態にし、怖がらせておどすこと。地位や身分などを危うくさせること。

□88 **カイギ**的な態度を取る。（センター）
□89 **カイコン**した畑で畝を作る。（関西大）
□90 責任を**カイヒ**できない。（大阪大）
□91 遺体を**カイボウ**する。（センター）
□92 **カカン**な抵抗を示した。（上智大）
□93 話が**カキョウ**に入る。（立命館大）
□94 復興のための**カキョウ**工事。（関西学院大）
*□95 ひそかに裏で**カクサク**する。（センター）
□96 栄冠を**カクトク**する。（神戸大）
□97 事件の**カチュウ**の人物。（法政大）
*□98 芸術上の**カットウ**。（関西学院大）

懐疑 物事の意味や価値、自他の存在や見解にうたがいを持つこと。

開墾 山林や原野を切りひらき、農耕できる田畑にすること。

回避 不都合な事態が起こりそうな物事をさけること。

解剖 生物体の内部構造の観察や、物事の条理を細かく分析すること。

果敢 決断力に富み、物事を思い切って大胆に行うさま。≒敢然（かんぜん）

佳境 興味深く、非常に良い場面や状況。

架橋 はしをかけること。

画策 ひそかに企てること。また、その実現を図ること。

獲得 努力や苦心をして手に入れること。⇔喪失（そうしつ）

渦中 事件やもめ事などのなか。

葛藤 心に相反する動機・欲求・感情が存在し、どれを取るか迷うこと。≒煩悶（はんもん）

99 **カト**期を迎える。（中央大）

100 **カドウ**日数を算出する。（中央大）

*101 **カモク**な人柄。（関西大）

102 問題が複雑に**カラ**み合う。（青山学院大）

*103 **カンカ**できない大問題が起こる。（学習院大）

104 広場は**カンサン**としている。（センター）

105 人形浄瑠璃を**カンショウ**する。（関西大）

106 他人の**カンショウ**をあまり受けない。（九州大）

107 対立する力の**カンショウ**装置。（法政大）

108 **カンセイ**な住まい。（明治大）

109 **ガンチク**のある言葉。（センター）

過渡 古いものから新しいものへ物事が変化する途中やその経路。

稼働 仕事をすること。機械をはたらかせること。

寡黙 口数がすくなく、必要なこと以外あまりしゃべらないこと。⇔饒舌（じょうぜつ）

絡 他の物事が密接に結び付くこと。しっかりと巻き付くこと。

看過 みても気にとめず、そのままにしておくこと。

閑散 ひっそりと静まり返っているさま。また、暇であることのないさま。

鑑賞 聴覚や視覚を通して芸術作品などの表現しようとするところをつかみとり、味わうこと。

干渉 他人のことに立ち入り、自らの意思に従わせようとすること。

緩衝 物事のしょうとつや不和をそれらの間で和らげること。

閑静 ざわめきが聞こえず、ものしずかで落ち着いた場所やそのさま。

含蓄 表面上からは読み取れない深い意味を、内に蔵していること。

□110 **カンユウ**をきっぱり断る。（センター）

□111 **カンヨウ**な心で接する。（法政大）

□112 彼は新進**キエイ**の作曲家だ。（法政大）

*□113 失敗は当然の**キケツ**だ。（中央大）

□114 **キケン**した選手。（早稲田大）

□115 **ギセイ**を払うことも厭《いと》わない。（中央大）

*□116 **キセイ**概念にとらわれる。（センター）

□117 改革を**キト**する。（関西学院大）

*□118 問題意識が**キハク**だ。（学習院大）

□119 **キハツ**性の油。（早稲田大）

□120 社会的な**キハン**に基づく行動。（関西大）

勧誘 相手の気持ちを動かし、ある行動をするようにすすめ、さそうこと。

寛容 心が広く、人の言動をよく受け入れること。≒寛大（かんだい）

気鋭 （「新進きえい」の形で）その分野に新しく現れ、いき込みが盛んなことやその人。

帰結 色々な議論や行動などが最終的に落ち着くこと。また、そのけっか。≒帰着（きちゃく）

棄権 投票・議決参加をはじめとした、所持しているけんりをすてて行使しないこと。

犠牲 目的のため損失を厭わず、大切なものを捧げること。いけにえ。

既成 物事や思想がすでに出来上がっていること。×既製

企図 目標を立て、それを実現しようと計画することやその内容。

希薄 気持ちや意欲が弱いさま。液体や気体などの密度が低いこと。⇔濃厚（のうこう）

揮発 常温のもとで、液体が気体に変化すること。

規範 行動や判断の基準となる手本のこと。

□121 生活の**キバン**を失う。（学習院大）

*□122 戦争を断固として**キヒ**する。（法政大）

□123 侵略に対する**ギフン**に駆られる。（センター）

□124 世界的な**キボ**。（センター）

□125 軍事的な**キョウイ**にさらされる。（センター）

□126 世界中が**キョウコウ**に見舞われる。（関西学院大）

*□127 快適な生活を**キョウジュ**する。（立教大）

□128 **キョウリョウ**で不寛容な外交。（学習院大）

□129 親密な関係に**キレツ**が生じる。（関西大）

□130 科学的方法を**クシ**した事業。（学習院大）

□131 長きにわたって**クジュウ**を強いる。（中央大）

基盤 物事を成立させるためのきそや土台となるもの。≒基礎（きそ）

忌避 物事を嫌い、さけること。嫌がること。

義憤 道理から外れる、不公正である、といった物事に対し腹を立てること。

規模 物事の構造・内容・仕組みなどの大きさや複雑さ。

脅威 強い力や勢いでおびやかすこと。また、それにより感じる恐ろしさ。

恐慌 おそれあわてること。倒産や価格の暴落などによる経済上の混乱状態。

享受 与えられたある物事をうけ入れ、自分のものにすること。また、それを楽しむこと。

狭量 人を受け入れる心がせまいこと。器が小さいことやそのさま。

亀裂 かめの甲の模様のようにひびが生じることや、そのさけ目のこと。

駆使 追い立ててつかうこと。思いのまま、自由自在につかいこなすこと。

苦渋 にがくてしぶいこと。事が思うようにいかず、くるしみ悩むことやそのさま。≒苦悶（くもん）

132 常識を**クツガエ**す。（明治大）

133 天下に**クンリン**する。（早稲田大）

134 雑誌に**ケイサイ**された論文。（中央大）

135 道が**ケイシャ**している。（センター）

136 古代文化に**ケイトウ**する。（北海道大）

137 印象派の**ケイフ**に連なる作品群。（学習院大）

138 両国の関係が**ケンアク**になる。（明治大）

139 過ちを**ケンキョ**に認める。（中央大）

140 鉄棒で**ケンスイ**をする。（センター）

141 **ケンビキョウ**による観察。（法政大）

142 **ケンボウ**術数がはびこる。（関西学院大）

覆 上下を反対にすること。既成のものを否定し、根本から変えること。

君臨 王として国を統治すること。ある方面で絶対的な勢力を持って支配すること。

掲載 新聞や雑誌などに、文章や写真などをのせること。

傾斜 ななめにかたむくこと。かたむいている面や土地のことも指す。≒勾配（こうばい）

傾倒 かたむき、たおれること。ある物事に興味を持ち、夢中になること。≒心酔（しんすい）

系譜 血縁や芸統など人や物のつながり。また、それを示す記録や表。

険悪 状況がわるくなり、油断できないこと。表情などがけわしく恐ろしいこと。

謙虚 控えめで素直なこと。へりくだり、慎ましやかにするさま。⇔高慢（こうまん）

懸垂 真っすぐにたれ下がること。その状態で腕を屈伸させ、体を上げ下げする運動。

顕微鏡 非常に小さな物体や細かな組織を拡大して観察する装置。×顕徴鏡

権謀 （「けんぼう術数」の形で）相手を巧みに欺くはかりごと。種々の計略。

143 彼は**ケンメイ**に働いた。（青山学院大）

144 労働条件について会社側と**コウショウ**する。（関西大）

145 **コウショウ**な趣味を持つ。（センター）

*146 勝敗だけに**コウデイ**する。（明治大）

147 大臣を**コウテツ**する。（法政大）

*148 **ゴウマン**なやり方。（立命館大）

149 一部分を**コチョウ**して描く。（関西大）

*150 一同を**コブ**する言葉。（センター）

*151 **コンセキ**を探す。（明治大）

152 大聖堂が**コンリュウ**された。（中央大）

153 レタスを**サイバイ**する。（関西学院大）

懸命 全力を尽くしていのちがけで頑張るさま。

交渉 特定の事柄を取り決めるために、合意を目指して相手と話し合うこと。≒折衝（せっしょう）

高尚 学問や言行などの程度がたかく上品なこと。気だかく立派なこと。⇔低俗（ていぞく）

拘泥 あることを必要以上に気にとめ、とらわれて融通が利かなくなること。

更迭 ある地位や役目に置かれた人など、物事が新たに入れ替わること。×更送

傲慢 おごり高ぶって人を侮り、見下すこと。

誇張 実際の物事よりも大げさに表現すること。

鼓舞 大いに励まし、人の気持ちを奮い立たせること。

痕跡 過去にあった物事を示す、かすかなあと。あとかた。

建立 寺院や堂、塔などを築き上げること。

栽培 食用・観賞用などの目的のために、植物や魚介類の繁殖と生育を保護・管理すること。⇔自生（じせい）

154 義援金**サギ**が横行している。（学習院大）

*155 試行**サクゴ**を繰り返す。（大阪大）

156 暴君が人民から**サクシュ**する。（中央大）

*157 規則を**シイ**的に運用する。（関西大）

*158 外部の騒音を**シャダン**する。（関西大）

*159 **ジャッカン**わかりにくいかもしれない。（大阪大）

160 読書を**シュウカン**にする。（明治大）

161 硫酸の入った瓶を**シュウトウ**に扱う。（九州大）

162 **シュシャ**選択する。（センター）

163 裁判所に**ショウカン**される。（法政大）

164 **ショウゲキ**を与える。（センター）

詐欺 他人をあざむく行為のこと。人をだまし、損害を与えること。

錯誤 (「試行さくご」の形で)色々な方法を何度も試みては失敗を重ね、解決方法を追求すること。

搾取 労働者を必要以上に働かせ、利益をしぼりとること。

恣意 自分の思うがままに振る舞う心。気ままな考えや思いつき。≒勝手(かって)

遮断 動きや流れをさえぎること。

若干 はっきりと定まらないが、それほど多くはない数量を表す。

習慣 長い間繰り返し行ううちに、すっかり身に付いたもの。

周到 手落ちがなく、すべてに行き届いていることやそのさま。≒綿密(めんみつ)

取捨 (「しゅしゃ選択」の形で)良いものを選びとり、不要になるものをすてること。

召喚 人をある場所に来るようによびつけること。⇔派遣(はけん)　×召換

衝撃 外部から大きな力を加えられること。心を強く動かされるさま。×衝激

□165 考え方が**ジョウキ**を逸している。（関西大）

*□166 長年の努力が**ジョウジュ**した。（明治大）

□167 地域の人とのつながりを**ジョウセイ**する。（名古屋大）

□168 時期**ショウソウ**と思われる。（広島大）

□169 国王の**ショウゾウ**画。（法政大）

□170 多くの文献を**ショウリョウ**する。（関西学院大）

□171 実験に**ショクバイ**を用いる。（センター）

□172 **ジンソク**に処理する。（関西大）

□173 **ジンダイ**な影響を及ぼしている。（中央大）

□174 価値あるものとして**スイショウ**する。（一橋大）

□175 **スウコウ**な美しさ。（北海道大）

常軌 普通であると位置付けられた、行うべき方法や考え方。

成就 物事をなし遂げること。また、願いや思いなどが叶うこと。≠成功（せいこう）

醸成 ある状態・気運などを次第に作り出すこと。

尚早 （「時期しょうそう」の形で）まだその時機ではないこと。時期がはやすぎること。

肖像 特定の人物の容貌・姿態などを写し取った絵や写真、彫刻など。

渉猟 多くの書物に目を通すこと。広く歩きまわり、探し求めること。≠多読（たどく）

触媒 自らは変化しないが、他のものの反応速度を変化させる物質。

迅速 物事の進度や行動などが極めてはやいことやそのさま。

甚大 物事の程度が極めておおきいことやそのさま。

推奨 すぐれている点を挙げて、良いものだと人にすすめること。

崇高 気だかく尊いことやそのさま。容易に近づけない存在。×祟高

176 栄養を**セッシュ**する。（センター）

＊177 **セッチュウ**案を提示する。（関西大）

178 船が左方向に**センカイ**する。（センター）

＊179 **センサイ**な神経。（早稲田大）

180 選手**センセイ**の声が響きわたる。（学習院大）

181 行方不明者を**ソウサク**する。（関西大）

182 細胞が**ゾウショク**する。（センター）

＊183 差別され**ソガイ**される。（早稲田大）

184 一触**ソクハツ**の状態。（センター）

＊185 至って**ソボク**な記述。（千葉大）

186 **ソンボウ**をかけて戦う。（法政大）

摂取　自分のものとしてとり入れること。栄養物を体内にとり入れること。

折衷　異なる考えの良いところを取り合わせて、一つにまとめ上げること。

旋回　ぐるぐるまわること。航空機などが曲線を描くように進路を変えること。≒旋転（せんてん）

繊細　ほそく小さく、優美なさま。感情などがこまやかなことやそのさま。⇔鈍感（どんかん）

宣誓　他者の前で自分の誠意を示すため、ちかいの言葉を述べること。

捜索　行方不明の人や物を探し尋ねること。≒探索（たんさく）

増殖　ふえることやふやすこと。生物の細胞や組織などの数がぞうかすること。

疎外　嫌ってのけ者にすること。≒爪弾き（つまはじき）

即発　（「一触そくはつ」の形で）少し触れればすぐにばくはつしそうなほどの危機的状態にあるさま。

素朴　ありのままで飾り気がないこと。人の性質や言動の特徴を表す際にも用いる。

存亡　そんぞくするか消滅するかということ。生きるか死ぬか。

□187 支払う**ダイショウ**が大きすぎる。（上智大）

＊□188 金額の**タカ**にこだわらない買い物。（立教大）

□189 多少は**ダキョウ**する。（東北大）

＊□190 研究の**タンショ**となる出来事。（関西学院大）

□191 **チセツ**な表現。（関西学院大）

＊□192 共同体の**チツジョ**にひびをいれる。（大阪大）

＊□193 データを**チュウシュツ**する。（関西大）

□194 医学の世界で**テイショウ**される考え方。（北海道大）

＊□195 書類の**テイサイ**を整える。（関西大）

＊□196 問題点を**テッテイ**的に洗い出す。（明治大）

＊□197 忠告を**トウカン**に付す。（中央大）

代償　本人にかわってつぐないをすること。目的のために犠牲にするもの。

多寡　おおいこととすくないこと。主に数量や程度を示す際に使う。

妥協　対立する二者が一致点を見いだし、穏やかに解決すること。≒妥結（だけつ）

端緒　物事の始まりや手がかり。糸口。
(!)「たんちょ」は慣用読み

稚拙　子どもじみていて下手なことやそのさま。幼くて未熟なこと。⇔巧妙（こうみょう）

秩序　物事を行う場合の正しい順番や筋道。社会における決まりごと。

抽出　いくつかの事物の中から、ある特定のものを抜きだすこと。

提唱　ある意見や主張などをとなえ、発表すること。

体裁　外から見た形や様子。それらしい形式。

徹底　中途半端にせずに、最後まで貫き通すこと。

等閑　（「とうかんに付す」の形で）無視して放っておくこと。物事をいいかげんにしておくこと。

*□198 名演技に**トウスイ**する。（早稲田大）

□199 **トウテツ**した理論。（法政大）

□200 異なる**ドジョウ**に生じた認識。（大阪大）

□201 職場の**ドウリョウ**と花見に出かけた。（法政大）

□202 **トタン**の苦しみをなめる。（中央大）

*□203 あれこれ試みたが**トロウ**に終わった。（関西学院大）

*□204 すべての意見を**ハアク**することはできない。（関西大）

*□205 異端として**ハイジョ**する。（青山学院大）

□206 反対者を**ハイセキ**する。（明治大）

□207 細胞を**バイヨウ**する。（明治大）

□208 **ハケン**やアルバイトなどの非正規職。（学習院大）

陶酔 心を奪われてうっとりすること。

透徹 澄み切っていること。筋道が通っており、曖昧でないこと。

土壌 陸地の表面にある、作物を作るためのつち。ものを発生・発展させる基盤のこと。

同僚 職場や役目、地位などがおなじであることやその人。

塗炭 泥にまみれ、火に焼かれるようなひどく苦痛な境遇のこと。

徒労 無益な奮闘をすること。骨を折ってしたことが報われないさま。

把握 しっかりと理解すること。手でにぎり取ること。

排除 押しのけるなどして、そこから取りのぞくこと。

排斥 人物や思想などを受け入れられないとして、押しのけること。⇔受容（じゅよう）

培養 動植物の胚や組織、微生物を人工的に生育・増殖させること。物事の根本を育てること。

派遣 人をある場所へ送り出すこと。ある使命をもって赴かせること。⇔召喚（しょうかん）

□209 週末の**ハンカガイ**で調査する。（大阪大）

*□210 **ヒキン**な例で恐縮だ。（立教大）

*□211 条約を**ヒジュン**する。（関西大）

*□212 物事の**ヒソウ**しか捉えていない。（明治大）

□213 経済が急速に**ヒヘイ**してきている。（明治大）

*□214 楽園のイメージを**ヒョウショウ**するもの。（中央大）

*□215 忘れがたいプレーを**ヒロウ**してくれた。（立教大）

*□216 **フキュウ**の名作。（センター）

*□217 疑念を**フッショク**する。（関西大）

*□218 誰に対しても**フヘン**的に適用する。（センター）

□219 不公平な扱いに**フンガイ**する。（中央大）

繁華街　商店や飲食店が集中していて、多くの人でにぎわっている通り。

卑近　みぢかでありふれており、品性に欠けること。

批准　条約を作成する最終手続きで、主権者が条約を認めて許可すること。

皮相　物事の表面。事実を見極めず、表面だけで判断を下すこと。

疲弊　国力や経済力が弱り、苦しむこと。心身がつかれて弱ること。

表象　知覚的に認識したものから頭に思い浮かべるもの。考えなどを形にあらわすこと。≒象徴（しょうちょう）

披露　世間に広く知らせること。手紙・文書などを人に見せること。⇔隠蔽（いんぺい）　×被露

不朽　いつまでも価値を失わずに残り続けること。

払拭　すっかり取り除くこと。ぬぐい去ること。

普遍　全体に広く行きわたること。ある事象すべてに共通し、例外のないこと。×普偏

憤慨　ひどく腹を立てること。不正・不当なことに対して激しく怒ること。

□220 川はこの先で**ブンキ**する。（学習院大）

分岐

行く方向が別々にわかれること。

*□221 街並みがすっかり**ヘンボウ**した。（法政大）

変貌

外見や様子がかわること。また、かえること。

□222 ビルが**ホウカイ**する。（上智大）

崩壊

くずれること、こわれること。また、それによって元あった機能を失うこと。≒破綻（はたん）

□223 **ボウダイ**な犠牲者を出す。（学習院大）

膨大

まとめきれないほど多量なこと。物事の数や量がふくれておおきくなること。

□224 害獣を**ホカク**する。（関西大）

捕獲

動物などをつかまえること。とり押さえること。

□225 一連の事件の**ホッタン**。（センター）

発端

物事の始まりや事の起こり。書物のはじめ。

□226 小さな**マサツ**やトラブルが起きる。（法政大）

摩擦

物と物とがすれ合うこと。相手と食い違い、衝突したり対立したりすること。

*□227 **ムボウ**な振る舞い。（早稲田大）

無謀

方法や結果について深く考えず、計画性のないこと。思慮の欠けた行動をすること。⇔慎重（しんちょう）

*□228 **ユイショ**ある品物。（関西学院大）

由緒

物事の起源や経緯。現在に至るまでの立派な歴史。

□229 **ユウチョウ**に構えている。（中央大）

悠長

落ち着いていて気のながいことや慌てないさま。⇔性急（せいきゅう）

□230 **ヨキン**通帳が見つからない。（明治大）

預金

銀行などの機関におかねをあずけること。また、そのあずけたおかね。

231 期待が外れて**ラクタン**する。（関西大）

232 義務を**リコウ**する。（法政大）

*233 一時期に**リュウセイ**を極めた考え方。（中央大）

*234 弱点を最も**ロテイ**する場所。（立教大）

235 山間部で**カソ**化が進んでいる。（中央大）

236 リスクが**ケンザイ**化する。（関西学院大）

*237 比較文化研究の**センク**者。（法政大）

238 日本人離れした**ソウボウ**。（関西大）

239 未払いの場合は**トクソク**を行う。（関西大）

240 似た内容の神話が世界中に**ヘンザイ**する。（学習院大）

241 宗教的背景を**ホウガン**する習俗。（明治大）

落胆 期待に反し、希望通りにならずがっかりすること。

履行 決めたことや言ったことを実際におこなうこと。また、債務者が債務内容の給付を実現すること。

隆盛 勢いが栄えることやそのさま。

露呈 隠れていたり、内にあったりする事柄が表面に表れ、さらされること。

過疎 とてもまばらなこと。特に、ある地域の人口が流出などの原因で他よりも少なすぎること。⇔過密（かみつ）

顕在 物事がはっきりと形に現れてそんざいしていること。⇔潜在（せんざい）

先駆 物事を他よりもさきに行うことや、行う人を指す。

相貌 人のかおや姿といった形。物事の様子。

督促 借金の返済や納税といった約束の履行や、物事の実行を急がせること。

遍在 広い範囲にそんざいすること。≒普遍（ふへん）

包含 要素や事情が、中にふくみ込まれていること。ひっくるめて合わせ持つこと。

第2節 頻出の漢字 ★★

□1 報告書に**イサイ**を記す。（早稲田大）

□2 「空気が読めない」と**ウト**んじられる。（立教大）

□3 コツを**エトク**した。（千葉大）

□4 **オウセイ**な好奇心を抱く。（立命館大）

□5 議論の末、**オントウ**な結論に至った。（法政大）

□6 施設を**カクジュウ**する。（センター）

*□7 紙幅の都合で**カツアイ**する。（関西大）

□8 平和を**カツボウ**する。（上智大）

□9 美しい音を**カナ**でる。（学習院大）

□10 **カヘイ**経済が始まる。（学習院大）

正解	意味
委細	こまごまとした詳しい事情。⇔概略（がいりゃく）
疎	嫌って、そっけなくすること。遠ざけて親しまないこと。
会得	物事の意味や本質などを十分理解して、自分のものにすること。
旺盛	活動力が満ちあふれ、非常にさかんであること。
穏当	おだやかで無理がないことや、よく道理にかなっているさま。
拡充	組織や施設をひろげ、完備させること。範囲を押しひろめること。
割愛	惜しいと思うものを思い切って省略したり、手放したりすること。
渇望	のどがかわいたとき水を欲するように、切実に欲求すること。≒切望（せつぼう）
奏	楽器、中でも管弦楽器で曲をえんそうすること。
貨幣	お金のこと。商品の交換などを円滑にする媒介物。×貨弊

□11 その発言の**ガンイ**を汲み取る。（中央大）

*□12 **カンガイ**にふける。（明治大）

□13 **カンカク**を詰める。（法政大）

□14 役所の**カンカツ**。（関西学院大）

□15 勝利に**カンキ**する。（センター）

□16 **カンキュウ**自在に操る。（早稲田大）

□17 **ガンコ**な性格。（明治大）

□18 明日は会計の**カンサ**がある。（関西大）

□19 儀式は正当に**カンスイ**された。（名古屋大）

□20 **カンゼン**懲悪の筋書き。（明治大）

□21 美術品についての**カンテイガン**がある。（大阪大）

含意 表面に表れない、あるいみを持つことや、そのいみを指す。

感慨 心に深くかんじ、ため息をもらすこと。しみじみとした気持ちになること。

間隔 二つの物と物とのあいだの距離やじかん。

管轄 権限を持って支配することや、その支配の及ぶ範囲のこと。

歓喜 非常によろこぶこと。⇔悲哀（ひあい）

緩急 ゆるやかなこととときゅうなこと。差し迫ったまさかの事態。

頑固 かたくなで意地を張り、態度や考えを改めないことやそのさま。≒頑迷（がんめい）

監査 会計や業務などを取り締まり、調べること。

完遂 最後までやり通すことや、かんぜんに成しとげること。

勧善 （「かんぜん懲悪」の形で）よい行いを推奨し、悪行を懲らしめること。

鑑定眼 物事の真偽・善悪・価値などを判断、評価する能力。

□22 店の**カンバン**を下ろす。（法政大）

＊□23 誤作動に**キイン**する事故。（神戸大）

＊□24 仏道に**キエ**する。（明治大）

□25 **キカン**産業を振興する。（センター）

□26 健康を**キガン**する。（法政大）

＊□27 小学校の廃校が**キグ**されている。（学習院大）

□28 研究の**キソ**を固める。（関西大）

□29 体調が急変し**キトク**状態に陥る。（関西大）

□30 電気を**キョウキュウ**する会社。（関西大）

□31 **キョシン**坦懐に語る。（関西学院大）

□32 人生の大きな**キロ**で決断を迫られる。（立教大）

看板 （「かんばんを下ろす」の形で）一日の営業を終えること。店をたたむこと。掲げていた主義・主張を取りやめること。

起因 ある物事がおこる根本となること。事の発端。
！「基因」とも書く

帰依 神仏や高僧を一心に信じてその教えに従い、その力にすがること。

基幹 物事の根本、中心となる重要なものや人物。≒中核（ちゅうかく）

祈願 ある目的が達成されるように、神仏にいのり、熱望すること。

危惧 きけんだと不安を感じ、おそれること。

基礎 ある物事を成り立たせるおおもとや前提。土台の部分。≒基盤（きばん）

危篤 病気が非常に重く、死期が迫っていることやそのさま。

供給 要求や必要に応じて、ものを与えること。
⇔需要（じゅよう）

虚心 （「きょしん坦懐」の形で）わだかまりのない素直なこころで、気持ちがさっぱりしていること。

岐路 分かれみち。将来が決まるような重大な場面。

*33 医薬品についての**キンキ**事項。（名古屋大）
34 地球温暖化の**ケイショウ**を鳴らす。（学習院大）
35 **ケイトウ**を異にする考え方。（明治大）
36 国旗を**ケイヨウ**する。（法政大）
*37 作品に意識が**ケンゲン**している。（中央大）
38 **ケンゴ**に作られた天守閣。（東北大）
39 **ケンジツ**に生きる。（センター）
40 **ケンシンテキ**に看病する。（関西大）
*41 主張の違いが**ゲンゼン**としてある。（明治大）
*42 **ゲンミツ**な理論。（大阪大）
43 **ケンヤク**に努める。（関西学院大）

禁忌 嫌うべきものとして、接触を慣習的に制限したり避けたりすること。

警鐘 危険を予告し、注意を促すもの。危険を知らせる合図のかね。≒警告(けいこく)

系統 血のつながりなど、ある原理・法則によって個々を順序立てて並べ、まとめたもの。

掲揚 旗などを高くかかげること。

顕現 はっきりとした形で、明らかに姿を見せること。

堅固 意志がかたく、壊れにくいことやそのさま。≒頑強(がんきょう) ❗「けんこ」は誤り

堅実 手がたく確かで、危なげのないことやそのさま。

献身的 自分の利害得失を考えず、人や物事のため、一心に尽くすこと。

厳然 重々しく近寄りがたいさま。動かしがたい、いげんのあるさま。≒厳粛(げんしゅく)

厳密 細部まできびしく目を行き届かせ、見落としがなく極めて隙がないこと。≒綿密(めんみつ)

倹約 無駄遣いをせず、出費をできるだけ少なくすること。⇔浪費(ろうひ)

44 **コウジョウ**的な平和を享受する。（明治大）

45 理論を**コウチク**する。（法政大）

46 **コクウ**を見上げてぼんやりしている。（中央大）

47 二冊の本の内容は**コクジ**している。（学習院大）

48 庶民の**ゴラク**は芝居見物だった。（立教大）

49 政局が**コンメイ**してきた。（青山学院大）

50 返事を**サイソク**する。（センター）

51 公正な**サイバン**が望まれる。（法政大）

52 **サクイ**の跡が感じられる。（関西大）

53 今昔物語の語彙**サクイン**を調べる。（北海道大）

54 **サバク**の景色を見る。（センター）

恒常　時が経っても、定まっていて変わらないことやそのさま。

構築　組み立ててきずくことやその組み立て、つくりのこと。

虚空　何もないくうかん。事実に基づかないことや思慮のないさま。

酷似　非常によくにており、そっくりなこと。

娯楽　労働や勉学などの余暇にする、遊びやたのしみのこと。

混迷　入りまじって見通しがつかず、わけがわからなくなること。

催促　物事を早く行うように、声を掛けるなどして働きかけること。

裁判　司法機関が法に基づき、物事の正否を定めること。その結果に即した命令を下すこと。

作為　人が自分の意志でつくり出すこと。事実であるかのように手を加えること。

索引　書中の語句や事項などを一定の順序に配列し、その所在を示したもの。

砂漠　降水量が極端に少ない、小石やすなで地表を覆った不毛の地。

□55 大企業の**サンカ**に入る。（関西学院大）
□56 **シゲキ**に対して敏感に反応する。（関西大）
□57 名人に**シジ**する。（関西学院大）
□58 大学生になり**ジスイ**生活を始める。（立教大）
□59 理論を**ジッセン**に移す。（関西大）
□60 雑誌をひもで**シバ**る。（青山学院大）
□61 人々の**ジモク**を驚かす。（センター）
□62 情状**シャクリョウ**の余地がある。（法政大）
□63 大きな**シュウカク**がある。（センター）
□64 事態の**シュウシュウ**がつかない。（中央大）
□65 この山では**シュリョウ**が禁止されている。（名古屋大）

傘下 全体をまとめる人や機関のもとで、支配を受ける立場にあること。≒支配下（しはいか）

刺激 生体に作用して状態を変化させ、感覚を起こさせる原因となるもの。

師事 先生として尊敬し、その教えを受け、仕えること。

自炊 じぶんで食事を作り、生活すること。

実践 主義や理論などを自分で行為・動作に表すこと。

縛 ひもや縄などで結び、まとめること。行動の自由を制限すること。

耳目 みみとめ。見聞。多くの人々の注意や関心。

酌量 （「情状しゃくりょう」の形で）刑事裁判で犯罪人の同情すべき事情を考慮し、刑罰を軽減すること。

収穫 農作物の取り入れ。また、得たものや成果のこと。

収拾 ひろって集めること。混乱をおさめて状態を整え、とりまとめること。

狩猟 銃や網などの道具を用いて野生の鳥獣を捕獲すること。

66 夜間にジュンカイする警備員。（センター）

*67 史実にジュンキョする。（法政大）

*68 彼はショウケイの的だった。（中央大）

*69 ショウソウに駆られる。（早稲田大）

70 提案をショウダクする。（明治大）

71 言語のショウヘキ。（関西学院大）

72 ショミン的な人柄。（学習院大）

73 シンコウ住宅地に引っ越した。（関西大）

*74 シンサンをなめた。（学習院大）

75 外国との交流をソクシンする。（センター）

76 全国セイハを達成する。（関西学院大）

巡回　ある目的のために各地を順次に移動し、見てまわること。

準拠　あるものを頼り・比較の対象として、それに従うこと。≒依拠（いきょ）

憧憬　あこがれること。心が奪われ、上の空になること。❗「どうけい」は慣用読み

焦燥　いら立ちあせることやそのさま。

承諾　相手の意見・希望・要求などを聞いて、同意すること。また、引き受けること。⇔拒否（きょひ）

障壁　隔てや仕切りとなるかべ。交流するものの妨げとなるもの。≒障害（しょうがい）

庶民　特別な地位や財産などのない、人口の多数を占める普通の人々。≒平民（へいみん）

新興　既存のものに対して、別のものがあたらしく栄えること。

辛酸　つらく、苦しい思いや経験。

促進　物事が早く運ぶように働きかけること。⇔抑制（よくせい）

制覇　競技などで勝利すること。競争相手を押さえ、権力を握ること。

＊77 **セキジツ**の面影。（明治大）
78 昨年の**セツジョク**を果たす。（学習院大）
79 **センザイ**能力がある。（早稲田大）
＊80 大規模事業に**センシン**する。（広島大）
81 平安京に**セント**した。（関西大）
82 新人選手が**センプウ**を巻き起こす。（センター）
83 **センリツ**を奏でる。（関西学院大）
84 **センレン**された感覚。（中央大）
85 言葉に**ソウショク**された広告。（名古屋大）
＊86 舞台**ソウチ**を動かす。（センター）
87 **ソゼイ**回避行為を規制する。（法政大）

昔日 過去のひびや過去のある時点のこと。≒往時（おうじ）
雪辱 恥をすすぐこと。試合などで、前に負けた相手を破って、名誉を取り戻すこと。
潜在 表面には見られず、内に隠れていること。⇔顕在（けんざい）
専心 一つの物事だけに集中し、こころを注ぐこと。
遷都 みやこの所在地をうつし変えること。
旋風 社会の反響を呼ぶような突発的な出来事。渦を巻いて吹き上がるかぜ。
旋律 音にリズム・高低・長短などの動きを付け、つながりまとまったもの。
洗練 詩歌・文章の表現を改良すること。趣味などを優雅で高尚なものにすること。！「洗煉」とも書く
装飾 美しく見えるように様々に加工し、かざることやかざりそのもの。
装置 ある目的のために、機械や器具などを備え付けること。また、その設備。
租税 国家や地方公共団体が法に基づき、国民から徴収する金品のこと。

88 身振りによる意思**ソツウ**。（中央大）

*89 法律の条項を**ソテイ**する。（明治大）

90 社員の**タイグウ**を改善する。（関西大）

91 **タイダ**な態度を改める。（上智大）

92 **ダイタン**不敵な行動に出る。（関西学院大）

93 **ダミン**を貪る。（関西学院大）

*94 指導者の過ちを**ダンガイ**する。（大阪大）

95 原文を**チクゴ**的にたどる。（東京大）

96 卵や牛乳などの**チクサン**物。（関西大）

*97 地域の文化についての**チケン**を深める。（関西大）

98 **チュウカイ**の労を取る。（センター）

疎通 ふさがっているものが障りなくつうじること。 ！「疏通」とも書く

措定 あることを自明として推理によらず主張すること。⇕反措定（はんそてい）

待遇 雇用者の労働者に対する取り扱い。他人や客をもてなすこと。

怠惰 行うべきことを放置し、なまけてだらしないことやそのさま。⇕勤勉（きんべん）

大胆 （「だいたん不敵」の形で）度胸が据わっていること。物事に臆しないこと。⇕繊細（せんさい）

惰眠 怠けてねむること。何もせずに過ごし、活気のないこと。

弾劾 罪状・悪事をはっきりさせ、責任を取るように求めること。

逐語 原文中の一言一句を少しも省かず、忠実にたどること。

畜産 牛や豚、鶏などのかちくを飼い、肉・卵・皮革などを作り出すこと。

知見 目や耳で確認した物事や、得たちしき。また、それらをよく理解すること。

仲介 当事者双方の間に立って便宜を図り、まとめる役割をすること。≒媒介（ばいかい）

□99 彼はチームの**チュウカク**にいる。（関西学院大）

*□100 世間から**チョウショウ**される。（立教大）

□101 山頂から**チョウボウ**が開ける。（関西学院大）

□102 **チョチク**に励む。（法政大）

□103 イメージを**ツム**ぎ出す。（立教大）

□104 **テイネイ**に作りためた俳句。（立命館大）

□105 責任を他の部局に**テンカ**する。（学習院大）

□106 新機能が**トウサイ**される。（関西大）

*□107 深い**ドウサツ**に満ちた理論。（一橋大）

□108 航空機に**トウジョウ**する。（中央大）

*□109 **トウトツ**に発言する。（センター）

中核 物事のちゅうしんとなる重要な部分。≒基幹（きかん）

嘲笑 軽蔑の気持ちを込めてわらうこと。

眺望 遠く見渡すこと。また、見渡したながめ。≒展望（てんぼう）

貯蓄 財貨をたくわえること。所得のうち、消費されなかった残余のこと。❗「儲蓄」とも書く

紡 綿や繭《まゆ》の繊維を引き出し、糸にすること。言葉をつなげて文章を作ること。

丁寧 細部まで気を配ること。言動に配慮が行き届いていること。⇔粗略（そりゃく）

転嫁 自分の罪や責任などを他になすりつけること。

搭載 船や車などに物資を積み込むこと。機器類に装備や機能を組み込むこと。

洞察 物事をよく見て、その本質を見抜くこと。また、見通すこと。

搭乗 船や車、飛行機などにのり込むこと。

唐突 前触れなく、不意すぎること。出し抜けであることやそのさま。

□ 110 説明にはナットクできない。（明治大）

□ 111 次々と部品がハイキされている。（関西学院大）

□ 112 裁判におけるバイシン制。（センター）

□ 113 バクガトウを分解する。（センター）

□ 114 円高傾向にハクシャがかかる。（関西大）

□ 115 真相をバクロする。（青山学院大）

□ 116 植民地をめぐる世界のハケン争い。（中央大）

□ 117 ハチクの勢いで連戦連勝する。（関西大）

□ 118 ピアノのバンソウに合わせて歌う。（センター）

□ 119 ハンヨウ性に富む機械。（関西学院大）

□ 120 これらの言葉の奥にヒソむ意味。（立命館大）

納得 他人の考えや行動などを十分に理解して受け入れること。≒得心（とくしん）

廃棄 不用なものとしてすて去り、用いないこと。

陪審 一般人が裁判に立ち合い、法に基づいて有罪・無罪の判断を行うこと。

麦芽糖 水飴の主成分のこと。

拍車 （「はくしゃがかかる」の形で）事の成り行きに力が加わり、進行が速まること。

暴露 悪事や秘密などをあばき、表に出すこと。風雨にさらすこと。

覇権 競争に勝利し、第一人者となった者のけんりょくや、それによる支配力。

破竹 （「はちくの勢い」の形で）たけを割ったときのように勢いのあるさま。

伴奏 歌や主な楽器の音を支え、引き立てるため、他の楽器で行う補助的なえんそうのこと。

汎用 一つのものを、広く色々な方面にもちいること。

潜 外から認識されないように、ひそかに隠れること。

121 情報源を**ヒトク**する。（学習院大）
122 **ヒナン**訓練が実際に役立った。（法政大）
123 委員長を**ヒメン**する。（センター）
124 **フクメン**をかぶる。（早稲田大）
125 公的な**フジョ**を受ける。（立命館大）
126 **フハイ**した社会を浄化したい。（センター）
127 家族を**フヨウ**する。（関西大）
128 異様な**フンイキ**を醸し出す。（神戸大）
129 チームの**フンキ**を促す。（明治大）
130 事態が**フンキュウ**する。（中央大）
131 **ベンギ**的に区分する。（法政大）

秘匿 ひみつにしてこっそりと隠しておくこと。

避難 災厄や災害をさけること。必要に応じて安全な場所に逃げること。⇔退避（たいひ）

罷免 職務を辞めさせること。≒免職（めんしょく）

覆面 顔を布などで隠すことや、それに用いるもの。身分姓名を明かさず物事を行うこと。

扶助 力添えをしてたすけること。

腐敗 有毒物質や悪臭を発生させること。弊害が生じるほどに精神が堕落すること。

扶養 助け、やしなうこと。特に生活面で、自活する力がない人の面倒を見ること。

雰囲気 その場やそこにいる人たちが自然に作り出している様子や状態。

奮起 勇気や元気、憤りなどの気力をふるいおこすこと。≒発奮／発憤（はっぷん）

紛糾 意見や主張などが対立してうまくいかないこと。ごたごたすること。≒紛乱（ふんらん）

便宜 ある目的にとって都合が良いこと。状況に適した処理。

*□132 **ヘンキョウ**な考えにとらわれる。（関西大）

*□133 個人が心に秘めているヘ**ンケン**。（青山学院大）

*□134 過去から現在までの**ヘンセン**。（青山学院大）

□135 諸国を**ヘンレキ**する。（関西学院大）

□136 労働とその**ホウシュウ**。（京都大）

*□137 反逆者を**ホウチク**する。（関西学院大）

□138 人口の**ボウチョウ**を抑える政策。（センター）

□139 望ましい状態を得るための**ホウト**。（千葉大）

□140 **メイヨ**を傷つける。（明治大）

□141 他の人がしていることを**モホウ**する。（関西学院大）

□142 世界大会の参加者を**ユウチ**する。（センター）

偏狭 かたよったせまい考えにとらわれること。度量や土地がせまく、小さいことやそのさま。

偏見 かたよった認識や考え方、公平を欠いている主張のこと。

変遷 様々なものが時の流れとともにうつりかわること。≒推移（すいい）

遍歴 広く各地をめぐり歩くこと。また、様々な経験を重ねること。

報酬 労力や物の使用などに対する謝礼・対価としての金銭や物品。

放逐 場所や組織から追い出すこと。

膨張 発展して、規模が広がり大きくなること。数量や体積などが全体的に増大すること。⇔収縮（しゅうしゅく）

方途 進むべき道。物事を実現させたり解決したりするための手段。

名誉 世間から認められ、良い評価を得ること。また、その際に得られる称号。

模倣 他のものをまねること。原型や手本となるものに似せること。

誘致 物事を招き寄せること。ある事態を結果として引き起こすこと。

143 支払いを**ユウヨ**する。（明治大）
144 返済を**ヨウシャ**なく迫る。（関西大）
145 **リンセツ**する地域。（東京大）
146 早々に**アキラ**める。（法政大）
147 出品作の中ではこの作品が**アッカン**だ。（明治大）
148 大豆を**アッサク**する。（中央大）
149 **アットウ**的な人気を得る。（センター）
150 提案に**イギ**を申し立てる。（名古屋大）
*151 **イケイ**の念を禁じ得ない。（関西学院大）
152 長年の**イコン**を晴らす。（関西大）
153 旧来の方式を**イジ**する。（東北大）

猶予　ためらってなかなか決定・実行しないこと。決めた日時を延ばすこと。
容赦　大目に見てゆるすこと。相手の落ち度に対する責め方を控えめにすること。
隣接　となり合っていること。
諦　希望や見込みがないと思ってやめること。仕方がないと思い切ること。
圧巻　全体の中で一番すぐれた部分。
圧搾　強く押してしぼること。
圧倒　際立ってすぐれた力を持っていること。力を見せつけて押し負かし、恐れさせること。
異議　一つの意見に対して、違っていたり、不服を示したりする意見のこと。≒異論（いろん）
畏敬　崇高なものや偉大な人、権力のある人をおそれうやまうこと。×畏敬
遺恨　忘れがたいほどの深いうらみや憎しみ。心残りであること。≒怨念（おんねん）
維持　物事の状態を変えずにそのまま保ち続けること。≒保持（ほじ）

154 会計監査を**イショク**する。（学習院大）

155 国家の**イシン**をかけて戦う。（中央大）

156 明治**イシン**当時の政治家。（法政大）

157 **イシン**伝心による無言の了解。（中央大）

158 **イダイ**な人物の伝記。（センター）

*159 親に**イソン**する。（法政大）

160 夏目漱石の**イハツ**を継ぐ作家。（学習院大）

161 代理で届けを出すのに**イニン**状が必要だ。（法政大）

162 桁違いな**イリョク**を発揮する。（関西大）

163 **ウヨ**曲折の人生。（明治大）

164 **エイセイ**状態を確認する。（センター）

委嘱 特定の仕事を一定期間、他の人に頼んで任せること。

威信 尊厳や人望があること。物事に対する誇りを持ち、忠実であること。

維新 すべてが改まり、あたらしくなること。

以心 （「いしん伝心」の形で）無言の内に考えていることが互いに通じ合うこと。

偉大 並み外れて立派で非常に価値があるもの。

依存 他のものに頼って生活することやそんざいすること。①「いぞん」は慣用読み

衣鉢 広く宗教・学問・芸術などで、師から弟子に伝える奥義。

委任 ある人に対して仕事など一定の事柄を託し、まかせること。

威力 他を押さえつける、強いちからや勢いのこと。

紆余 （「うよ曲折」の形で）物事が順調に運ばないで、込み入って面倒な経過をたどること。

衛生 健康の維持・向上のため、病気の予防・治癒に努めること。

□165 **エキビョウ**流行で人口が激減した。（学習院大）
□166 **エンコ**を頼って上京する。（青山学院大）
□167 武術の**オウギ**を極める。（法政大）
*□168 口調がいつも**オウヘイ**だ。（学習院大）
□169 暗雲が街を**オオ**う。（学習院大）
□170 甘い分析と**オオザッパ**な認識。（北海道大）
□171 **オクメン**もなく人を欺く。（立教大）
□172 大気**オセン**を防ぐ。（関西学院大）
*□173 科学の**オンケイ**を受けて快適に暮らす。（大阪大）
□174 短い言葉で**ガイカツ**する。（中央大）
□175 ボクシングの**カイキュウ**は体重で分かれる。（関西大）

疫病 流行するやまいや、伝染するやまいのこと。

縁故 血族や姻戚などのつながりや、その人のこと。人同士の特別な関わり合い。

奥義 学問や技芸、武芸などにおいて最も深く、重要で難解な事柄。

横柄 いばって人を無視したり、無礼な態度を取ったりすること。

覆 あるものが一面に広がり、のしかかって包み隠すこと。あちこちまで行きわたるさま。

大雑把 細部まで注意が届かず、ざつであるさま。細かいことに拘らないさま。

臆面 気後れした顔つきや堂々とできない様子。

汚染 細菌やガスなどの有毒成分によってよごれること、よごすこと。

恩恵 めぐみ。いつくしみ。

概括 内容の大体のところを理解し、要点を捉えてまとめること。

階級 身分や地位、能力などにおける上下関係の格付け制度。

176 条件に**ガイトウ**する。（関西大）

177 病人の**カイホウ**をする。（センター）

178 これまでの歩みを**カエリ**みる。（明治大）

179 **カクウ**の動物。（中央大）

180 **カクセイ**の感がある。（関西学院大）

*181 **カクリ**された病人。（関西大）

182 **カコン**を残す。（明治大）

183 平均以上に**カセ**いでいる。（東京大）

184 **カッキョウ**を呈している。（広島大）

185 領土の十三パーセントが**カツジョウ**された。（中央大）

186 筆者は**カブン**にしてそうした例を知らない。（法政大）

該当 ある条件や資格などに、よくあてはまること。

介抱 病人や怪我人などの世話をすること。≒看病（かんびょう）

顧 過ぎ去ったことを思い返すことや、心にとどめ考えること。

架空 想像によって作られた、事実に基づかず、根拠のないこと。⇕真実（しんじつ）

隔世 時代・せだいが分離し、異なること。

隔離 区切り、分けること。感染症の患者などを他からはなれた一定の場所に移すこと。

禍根 わざわいの起こる原因や源。

稼 一生懸命に働き、それによりお金を得ること。得点や時間にも用いる。

活況 特に商売や株式市場の状態が生き生きして景気の良い様子のこと。

割譲 所有物の一部をさいて他にゆずり渡すこと。

寡聞 物事にうといさま。知識の乏しいことを謙遜して言う際に用いる。

□ 187 **カブン**な賛辞に恐縮する。（センター）
過分
身の程に不相応なこと。物事が限度や標準を超えていること。

□ 188 **ガンキョウ**に自説を主張する。（関西大）
頑強
自分の態度や考えをかたくなに守り、そのままでなかなか曲げないさま。≒堅固（けんご）

□ 189 **カンゲイ**会に出席する。（立教大）
歓迎
よろこんでむかえること。好意を持って受け入れること。

□ 190 退職を**カンショウ**する。（法政大）
勧奨
ある物事を行うように、すすめ励ますこと。≒奨励（しょうれい）

□ 191 損得**カンジョウ**に基づく。（学習院大）
勘定
数量や金銭を数えること。代金を払うこと。作用や事態などを事前に考慮すること。

□ 192 喜びに**カンセイ**を上げる。（明治大）
歓声
よろこびを抑えきれずに叫ぶこえ。

* □ 193 既定方針を**カンテツ**する。（早稲田大）
貫徹
最初から最後まで意志や方針、考え方などを変えないこと。

□ 194 **カンデンチ**を買う。（センター）
乾電池
一次でんちの一つ。利便性を重視した、炭素棒と亜鉛で作る固形のでんち。

□ 195 固定**カンネン**にとらわれる。（関西大）
観念
物事に対して持つ考え。諦めて状況を受け入れ、覚悟すること。

□ 196 悪だくみを**カンパ**する。（センター）
看破
物事の真相や裏面をみやぶること。

□ 197 道路が**カンボツ**する。（明治大）
陥没
土地などが落ち込み、穴ができること。沈み込むこと。

*198 あきれるほど**ガンメイ**な性格。（北海道大）

199 日本での**カンヨウ**に従う。（北海道大）

200 **カンリ**を養成する機関。（関西大）

201 申請の手続きを**カンリャク**化する。（早稲田大）

202 **カンリョウ**機構の腐敗を告発する。（法政大）

203 父が**カンレキ**の記念に植えた木。（立教大）

*204 規制を**カンワ**する。（中央大）

205 貧困や**キガ**が氾濫する。（学習院大）

206 **キカク**外の寸法。（早稲田大）

207 蒸気**キカン**を発明する。（明治大）

208 宇宙から無事に**キカン**する。（センター）

頑迷 柔軟性のない考え方で、ものの道理がわからないことやそのさま。≒頑固（がんこ）

慣用 日常的に使う物事。また、長く世間で当然のように使い続けること。

官吏 国家公務員を例とした、行政機関などの職員。

簡略 単純で難しくないこと。形式の一部を省いて手軽にすること。

官僚 政策決定など、政治の動きに影響力を持つような中・上級の公務員のこと。

還暦 数え年六十一歳のこと。六十年で生まれたときの干支に戻ることから。

緩和 物事の状態の厳しさや激しさの程度をゆるめたり、やわらげたりすること。⇔緊縮（きんしゅく）

飢餓 水や食物が不十分で栄養が足りず、生存・社会的な生活が困難な状態のこと。⇔飽食（ほうしょく）

規格 物事の基準。量や範囲などの社会一般の標準。

機関 様々なエネルギーを力学的エネルギーに変える装置。また、法人や団体などの組織。

帰還 旅先や戦地などの遠方から故郷や基地に戻ってくること。

□209 訴えを**キキャク**する。（関西学院大）

□210 **ギコウ**を凝らす。（早稲田大）

*□211 **キシカン**のある光景。（中央大）

□212 **ギシン**暗鬼の念に駆られる。（センター）

□213 枯れ葉に**ギタイ**した蝶。（関西学院大）

*□214 **キタン**のない意見。（関西学院大）

*□215 **キノウ**法で証明する。（明治大）

□216 **キビン**な動作で対応する。（センター）

□217 **キュウクツ**な姿勢。（立教大）

□218 被災者を**キュウサイ**する。（東京大）

□219 試験に**キュウダイ**する。（センター）

棄却 すてて取り上げないこと。裁判所が理由不明などにより申し立てを退けること。≒却下（きゃっか）

技巧 芸術表現などにおけるぎじゅつ上の工夫。

既視感 過去にみたことがないにもかかわらず、すでにみたことがあるような気持ちになること。

疑心 （「ぎしん暗鬼」の形で）怪しむ気持ちがあると、なんでもないことまで怪しんでしまうこと。

擬態 他のものの様子に似せること。生き物の自衛方法の一つ。

忌憚 いみはばかること。物事を嫌い、嫌がること。≒遠慮（えんりょ）

帰納 個別の具体的な物事から、一般に通じるような法則を導き出すこと。⇔演繹（えんえき）

機敏 時に応じて、心や身体の動きがすばやいこと。

窮屈 空間や場所にゆとりがなく、思うように動けないこと。

救済 災害や不幸に苦しむ人をすくい助けること。

及第 試験に合格すること。一定の基準に到達していること。

*220 政敵に**キュウダン**される。（明治大）

221 株価が**キュウトウ**している。（学習院大）

222 白樺派の世界像を**キュウメイ**する。（上智大）

223 農地改革に**キヨ**する。（広島大）

224 **キョウキン**を開く。（関西学院大）

225 知人を**キョウサ**して犯罪に巻き込む。（関西大）

*226 **キョウシュウ**を感じさせる風景。（関西学院大）

227 赤血球が**ギョウシュウ**する。（法政大）

228 **キョウジュン**の意を表する。（関西大）

229 **キョウシン**的な支持者。（センター）

230 **キョウタン**に値する。（中央大）

糾弾 犯した罪や責任について問いただし、非難すること。≒弾劾（だんがい）

急騰 突如、飛躍的に物価や相場などが上がること。⇔急落（きゅうらく）

究明 ものの道理や真理などを突き詰めてはっきりさせること。

寄与 社会や人のために力を尽くし、役に立つことを行うこと。≒貢献（こうけん）

胸襟 むねとえり。むね、心の内。

教唆 ある事を起こすようにおしえ、他人をそそのかすこと。

郷愁 他の地で生地や過去の出来事を懐かしく思い、心寂しく感じる気持ち。

凝集 一つに固まってあつまること。

恭順 命令に対して慎んだ態度で従うこと。

狂信 平常心や理性を失って冷静な判断ができず、激しくしんじ込むこと。

驚嘆 思いも寄らない物事に接し、おどろいて感心すること。≒驚愕（きょうがく）

231 無我の**キョウチ**に入る。（関西学院大）
232 資金集めに**キョウホン**する。（立教大）
233 市民運動に**キョウメイ**する。（関西学院大）
234 私の**キョウリ**は群馬県太田市である。（法政大）
235 **キョウレツ**な日光が照りつける。（立教大）
＊236 文書に**キョギ**を記載する。（上智大）
237 美の**キョクチ**に達する。（中央大）
238 知事の**キョシュウ**が注目される。（関西大）
239 **キンチョウ**のあまり手が震える。（学習院大）
240 地下は**クウドウ**になっている。（関西学院大）
241 **クッキョウ**な若者。（センター）

境地　ある段階に達した心の状態。身の置きどころや立場。
狂奔　くるったように走り回ること。目的のために熱中して努力すること。
共鳴　他人の考えや行動などに心から同感し、積極的に賛成すること。
郷里　生まれ育った土地。
強烈　力・作用・刺激などがつよくはげしいことやそのさま。
虚偽　真実ではないことを、真実のように見せかけること。⇔真実（しんじつ）
極致　その趣を習得し尽くした、達することのできる最高の境地。
去就　背き離れることと、つき従うこと。身の処し方。⇔進退（しんたい）
緊張　失敗への恐れなどから心や体が引き締まること。今にも争いが起こりそうな様子。
空洞　物の中に穴が開いて、内部に何もないこと。また、その部分。
屈強　非常に力がつよく頑丈なさま。頑固で人に服従しないこと。

□242 刺激に**クドウ**されて生じた行為。（中央大）

□243 要人の暗殺を**クワダ**てた。（明治大）

*□244 長きにわたる**クントウ**を受けた。（学習院大）

□245 蝶が**ケイカイ**に飛び回る。（東北大）

□246 昔の制度は既に**ケイガイ**化している。（名古屋大）

*□247 **ケイケン**の豊かさが人を育てる。（法政大）

□248 芝居の**ケイコ**に参加する。（明治大）

□249 直情**ケイコウ**な人。（中央大）

□250 事業を**ケイゾク**する。（共通テスト）

□251 彼の意見は**ケイチョウ**するに値する。（明治大）

□252 **ケイテキ**を鳴らす。（関西学院大）

駆動 力を伝えうごかすこと。目的・契機により、ある働きをすること。

企 計画を立てること。その計画を実行しようとすること。

薫陶 徳の力で人を感化し、教育すること。

軽快 みがるで、動きのすばやいこと。かろやかで気持ちの良いこと。

形骸 内容を失い、外から見たかたちだけが残っているもの。

経験 実際に見聞きし行ったこと。その結果、体得したもの。

稽古 技芸・学問を習い、練習・修行すること。本番前の練習のこと。

径行 （「直情けいこう」の形で）自分の思うがままに言動に表すことやそのさま。

継続 前から行っていることが、引きつづき行われること。

傾聴 相手の発言を否定せずに耳をかたむけ、熱心に話や意見をきくこと。

警笛 危険・変事を知らせ、注意を促すふえや音。

253 ケイモウ活動を展開する。（法政大）
啓蒙
無知の人に正しい知識を教え、合理的な考え方に導くこと。専門の観点から理解を与えること。

*254 社会制度にケッカンがある。（東京大）
欠陥
不備・不完全な点や、不十分で、本来備わっているべきものがかけて足りないこと。

*255 社会的支援のケツジョ。（法政大）
欠如
本来備わっているべき必要な物事がかけ、不足していること。

256 仲間のケッソクが固い。（関西大）
結束
同志がだんけつすること。ひもや縄などでむすび、くくること。

257 ゲリが続く。（関西大）
下痢
便が液状やそれに近い状態で排泄されること。

*258 ケンイのある専門家。（明治大）
権威
専門の分野で、すぐれた者として信頼されていること。他者を服従させる力。≠大家(たいか)

259 ケンコウ的な生活習慣。（センター）
健康
精神の働きや考え方が正常なこと。体が丈夫で不調のないこと。

260 功績をケンショウする。（関西学院大）
顕彰
隠れた善行や功績などを、広く一般に知らせ、報いること。物事が明らかになること。

261 ケントウ結果を再度吟味する。（法政大）
検討
様々な面から詳しく調べ、良しあしを考えること。

262 おおよそのケントウをつける。（法政大）
見当
大体の方向や方角。明確でないことを推測し、判断すること。

263 ケンメイな洞察。（学習院大）
賢明
かしこく、物事の判断が適切であること。

264 **コウガイ**にある住宅地。（立命館大）
265 意見を**コウカン**する。（東京大）
*266 **コウガン**無恥な態度。（立教大）
267 **コウキュウ**的な対策。（センター）
268 サーカスの**コウギョウ**を見る。（法政大）
269 議長の権力を**コウシ**する。（京都大）
270 マルクスについての**コウシャク**を始める。（中央大）
271 身柄を**コウソク**される。（明治大）
272 原油価格が**コウトウ**する。（法政大）
273 海外の美術雑誌を**コウドク**する。（広島大）
274 受賞の**コウホ**に挙げられる。（センター）

郊外　都市に隣接した閑静な地域。町はずれ。

交換　取りかえること。物と物とをやり取りしてかえること。

厚顔　（「こうがん無恥」の形で）あつかましく、恥知らずなこと。

恒久　物事のある状態が長く変わらないことやそのさま。≒永遠（えいえん）

興行　観客を集め、入場料を取り、演劇やスポーツ大会などを催すこと。

行使　権利や権力などを用いること。

講釈　書物の内容や語句の意味、物事の道理や心得などを説いて聞かせること。

拘束　思想・行動の自由を制限すること。

高騰　物価などが急にひどく上がること。⇔低落（ていらく）

購読　書籍や新聞、雑誌などを買ってよむこと。

候補　ある地位や資格などを得ようとする人やもののこと。

*□275 **コウミョウ**なやり方に驚くばかりだ。（千葉大）

□276 民族意識の**コウリュウ**に無関心である。（大阪大）

□277 相手と**ゴカク**に渡り合う。（関西大）

□278 **コクソウ**地帯を訪れる。（関西学院大）

*□279 容易に**コクフク**できない。（関西学院大）

□280 **コクメイ**な描写。（共通テスト）

□281 侯爵が自らの権力を**コジ**する。（中央大）

*□282 自説に**コシュウ**する。（関西学院大）

□283 新車が**コショウ**する。（早稲田大）

□284 タレントの**コッケイ**な演技。（明治大）

□285 **サイゲン**なく続く話。（関西大）

巧妙　非常にたくみであることやそのさま。⇔稚拙（ちせつ）

興隆　勢いが盛んになること。また、物事をおこして盛んにすること。

互角　双方の力量がほとんど同じで、優劣の差がないこと。

穀倉　こくもつを蓄えておくためのそうこ。

克服　努力して苦難を乗り越えること。

克明　あきらかにすること。真面目で正直であるさま。≒丹念（たんねん）

誇示　得意になって自慢げにしめすこと。

固執　自分の考えや意見をかたく守って曲げず、譲らないこと。！「こしつ」は慣用読み

故障　正常に機能しなくなること。進行が妨げられるような事情。

滑稽　おどけてばかばかしいこと。また、そのさま。笑われる対象のこと。

際限　時間や空間、程度など物事の状態が移り変わった最後のところ。

286 戦場で**サイハイ**を振るう。（立教大）

287 冒頭の一文を**サクジョ**する。（センター）

288 経歴を**サショウ**する。（関西大）

289 イベントに**サンカク**する。（中央大）

290 先行研究を**サンショウ**する。（立教大）

291 資金の**サンダン**がつく。（早稲田大）

292 **ジコウ**が成立する。（関西学院大）

293 **ジゼン**事業に寄付する。（法政大）

294 **ジッキョウ**中継を聞く。（関西学院大）

295 汽車の**シッソウ**する音。（千葉大）

296 血管の障害で起こる**シッペイ**。（早稲田大）

采配 軍陣で、大将が指揮をとるのに用いた道具。指揮、指図。×採配

削除 文章などのある部分をけずり取ること。

詐称 自身の経歴・氏名・年齢などの情報を偽って伝えること。

参画 事業や政策などの企てに加わること。

参照 他のものを用いたり、比較したりして考える材料にすること。

算段 苦心して方法を工夫すること。金銭などの都合をつけること。≒工面（くめん）

時効 一定期間が経過し、きき目や拘束力がなくなること。

慈善 温情の気持ちを持って哀れむこと。主に不幸・被害にあい、困っている人が対象。

実況 現に今起きている出来事。ありのままの姿。

疾走 非常にはやくはしること。

疾病 身体の諸機能の障害によるやまいや、健康でない状態。

□297 二人はかつて**シテイ**関係にあった。（明治大）

*□298 感染状況が**シュウソク**する。（センター）

□299 久々の娯楽で**ジュウソク**感を得る。（東北大）

□300 高速道路が**ジュウタイ**している。（法政大）

*□301 物事に**シュウチャク**する性格だ。（法政大）

□302 家の**シュウヘン**を散歩する。（早稲田大）

*□303 **シュショウ**な心掛けの子どもだ。（関西学院大）

*□304 **ジュバク**から解放される。（学習院大）

□305 雨天により**ジュンエン**になる。（青山学院大）

*□306 **ジュンショク**した刑事。（明治大）

*□307 **ジュンスイ**な恋愛を描く。（関西学院大）

師弟　ししょうとでし。先生と生徒。

収束　混乱や非常事態などがひとまずおさまること。

充足　欠けた部分をじゅうぶんに補うこと。また、みちたりていること。

渋滞　物事がとどこおって、すらすらと進行しないこと。≒停滞(ていたい)

執着　ある物事に深く思いを掛け、そこから離れられないこと。

周辺　あるもののまわりや、取り巻く部分のこと。

殊勝　非常にすぐれていること。健気で厳かであることやそのさま。

呪縛　まじないなどで行動や心理的な自由を奪うこと。

順延　逐次、予定の期日をのばしていくこと。

殉職　自分の役目を果たすために命を失うこと。

純粋　混じり気がなく、整っていること。邪念や私欲が全くないさま。

□308 九十年の**ショウガイ**を終えた。（明治大）

□309 事件の**ショウコ**となる遺留物。（関西大）

□310 博士の**ショウゴウ**を授ける。（関西大）

□311 それを証明する**ショウサ**がない。（神戸大）

□312 **ジョウソウ**教育を行う。（九州大）

□313 日本酒の**ジョウゾウ**所。（法政大）

*□314 **ショウチョウ**的な出来事。（関西大）

□315 校長先生の話はいつも**ジョウチョウ**だ。（学習院大）

□316 話の**ショウテン**を絞る。（中央大）

□317 所有権を他人に**ジョウト**する。（センター）

□318 酔い止め薬を**ジョウビ**しておく。（早稲田大）

生涯 いきている間。いきているうちのある時期。

証拠 事実・真実を明らかにするための材料となるもの。

称号 一般に、一定の身分・地位・資格を表す呼び名。

証左 事実を明らかにするためのよりどころとなるもの。≒証拠（しょうこ）

情操 道徳・芸術・宗教など、文化的・社会的価値をそなえた複雑で高度な気持ちのこと。

醸造 発酵作用を利用して、酒・味噌・醤油などをつくること。

象徴 言葉で表しにくい想像物や概念などを、具体的な物事によって連想させること。

冗長 話や文章などが、ぐだぐだしていてながいこと。⇔簡潔（かんけつ）

焦点 人の注意や興味が集まるところ。

譲渡 有償・無償に関係なく、財産・権利・地位などを他の人にゆずりわたすこと。

常備 いつも欠かさずに用意していること。

□319 弥生時代の**ショウメイ**の遺跡。（千葉大）
正銘
全く間違いのない本物であること。全く嘘や偽りがないこと。

□320 **ショクサン**興業を推進する。（関西学院大）
殖産
（「しょくさん興業」の形で）せいさん物を増やすことで、さんぎょうを盛んにすること。

*□321 作品は努力の**ショサン**である。（法政大）
所産
結果としてうみ出されたもの。つくり出したもの。

□322 **ショシ**貫徹して結果を出す。（法政大）
初志
（「しょし貫徹」の形で）はじめに心に誓ったことを最後まで貫き通すこと。

□323 **ショハン**の情勢から判断する。（中央大）
諸般
色々な物事や、様々な方面のこと。

*□324 **ジンイ**的に作り出す。（東北大）
人為
自然のままではなく、そこにひとが手を加えること。⇕天然(てんねん)

□325 **シンオウ**な教義を理解する。（中央大）
深奥
非常にふかいこと。また、そのおくふかくにあるもの。

*□326 眉唾な情報の**シンギ**を検討する。（明治大）
真偽
しんじつと嘘。本物とにせもの。

□327 自らを無**シンコウ**だと思う。（法政大）
信仰
神や仏、宗教などを無条件にしんじ、よりどころとすること。

□328 書類**シンサ**に合格した。（学習院大）
審査
よく調べて、ある条件を基にした適否・優劣・等級などを決めること。

□329 大学病院の外来**シンサツ**室。（東京大）
診察
医師が患者の状態を調べ、現状や今後の処置を判断すること。

□ 330 怒り**シントウ**に発する。（中央大）

心頭 こころ。胸・考えの内。

□ 331 人々の**シンボウ**が厚い。（早稲田大）

信望 人から尊敬や期待を寄せられること。しんらいできるものとして評価されること。＝人望（じんぼう）

□ 332 **シンボウ**強く調べる。（学習院大）

辛抱 つらいことや苦しいことを耐え忍ぶこと。

□ 333 **ジンリン**にもとる行為。（青山学院大）

人倫 ひと同士の関係や、ひとが守るべき道のこと。

□ 334 先生から**スイセン**書をもらう。（学習院大）

推薦 条件に適していたり、良いと感じたりする人・物を他人にすすめること。

□ 335 **スウキ**な運命。（関西学院大）

数奇 運命のめぐり合わせが悪く、不運なこと。
❗「さっき」とも読む

*□ 336 無条件に**スウハイ**する。（大阪大）

崇拝 心から傾倒し、あがめ敬うこと。

□ 337 三脚を**ス**えて撮影する。（立命館大）

据 物をある場所に動かないように置くこと。人物をある地位に就かせること。

□ 338 温厚で誠実な**セイカク**。（関西大）

性格 各自固有に持つ、行動様式や考え方、態度などのこと。他との違いを説明する際に用いられる概念。

□ 339 全員で国歌を**セイショウ**する。（関西学院大）

斉唱 大勢で声をそろえて歌うこと。いっせいにとなえること。

□ 340 **セキネン**の疑問が氷解する。（北海道大）

積年 つもり重なった長いねんげつ。

□ 341 **ゼッカ**事件を引き起こす。（学習院大）

□ 342 **セッソク**に事を運ぶ。（法政大）

□ 343 **セットウ**の被害にあう。（関西大）

*□ 344 自然の**セツリ**に従う。（法政大）

□ 345 繭《まゆ》や綿から**センイ**を引き出す。（青山学院大）

□ 346 失敗が**センコク**される。（センター）

*□ 347 出所を**センサク**する。（立教大）

□ 348 新商品を**センデン**する。（関西大）

*□ 349 去年の赤字が今年の利益で**ソウサイ**された。（中央大）

□ 350 飛行機を**ソウジュウ**する。（関西学院大）

□ 351 リンゴは赤いものと**ソウバ**が決まっている。（一橋大）

舌禍 法や常識に反した言動や、他人の中傷や悪口などによって受けるわざわい。

拙速 出来は良くないが、仕上がりがはやいこと。⇔巧遅（こうち）

窃盗 他人の財物をひそかに奪うことやその奪った人。

摂理 自然界を支配している法則や、神の計画・配慮のこと。

繊維 生物体の構造物で、細長い糸状の物質。

宣告 刑事事件の公判廷で、裁判長が判決をつげること。広く言いわたすこと。

詮索 細かいところまで調べ求めること。

宣伝 のべてつたえること。主張や商品などの効能を多くの人に説明して広めること。

相殺 互いに差し引いて、損得がないようにしたり、帳消しにしたりすること。！「そうさつ」は誤り

操縦 思うようにあやつり動かすこと。特に航空機や自転車などの運転をいう。

相場 市における物品の取引価格。世間一般に定まっている考え方や評価。

352 音が**ゾウフク**されて響く。（東北大）

353 **ソボウ**な振る舞いが目に余る。（千葉大）

354 無知で**ソヤ**な男。（京都大）

355 少数民族の村に**タイザイ**した。（東北大）

*356 **タイハイ**的な生活の一面。（一橋大）

357 切磋**タクマ**して成長していく。（関西学院大）

*358 **ダセイ**で勉強を続ける。（一橋大）

359 ネット上で教えを**タ**れる。（センター）

360 **タンセイ**込めて苗を育てる。（関西大）

361 **タンセイ**なたたずまい。（明治大）

*362 情景を**タンネン**に描写する。（立教大）

増幅 振りはばや、物事の範囲・程度を強め大きくすること。

粗暴 性質・挙動が荒々しいことやそのさま。

粗野 言語や挙動などが荒々しくて卑しいことやそのさま。

滞在 他所に行き、一定期間そこにとどまること。⇕流動（りゅうどう）

退廃 衰えて崩れ荒れること。終わらせてどかすこと。❗「頽廃」とも書く

琢磨 （「切磋たくま」の形で）学問や技芸、道徳などをみがき上げること。互いに励まし合って向上すること。

惰性 なかなか新しい方針に切り替えることのできない、これまでの習慣や勢い。≒慣性（かんせい）

垂 目上の者が目下の者に示すこと。「言う」を卑しめていう語。

丹精 真心を込めて丁寧に物事を行うこと。

端正 行儀や姿、形に乱れたところがなく、きちんとしていることやそのさま。

丹念 細かいところにまで注意を払うこと。誠意を持って丁寧に行うこと。≒克明（こくめい）⇕粗雑（そざつ）

363 借金のタンポにする。（関西学院大）
担保 将来の不利益に備えた補いとなるもの。

*364 タンラク的な思考。（学習院大）
短絡 ことの本質や手順を考えず、容易に結び付かない二つのものをでたらめに結び付けること。

365 タンレンを積む。（センター）
鍛錬 修養・実践を積んで、心身や技芸に磨きをかけること。

366 海底のチカクが変動する。（共通テスト）
地殻 ちきゅうの表層部を形成する岩石層。

*367 生涯のチキに出会う。（センター）
知己 自分のことをよく理解している人や親友。単にしっている人のことも指す。

368 チクバの友。（関西学院大）
竹馬 （「ちくばの友」の形で）幼少期からの親しい友達。

369 新薬のチケンを行う。（法政大）
治験 開発中の医薬品などの承認を得るために行われる臨床しけん。療養の効果。

370 政府のチュウスウ部に存在する。（学習院大）
中枢 軸となる重要な部分。⇕周縁（しゅうえん）

371 花粉症のチョウコウ。（関西学院大）
兆候 何かが起こりそうな前触れ。

372 会場いっぱいのチョウシュウ。（センター）
聴衆 説法や講演、音楽などをきくために集まった人々。

373 責任を認めてチンシャした。（学習院大）
陳謝 わけを述べて詫びること。

□374 法律に**テイショク**する行為。（関西大）

抵触
相互に矛盾すること。法令などに違反すること。

□375 作業が**テイタイ**する。（学習院大）

停滞
物事が調子良く進行せず、同じ場所や状況から動かないこと。≒渋滞（じゅうたい）

□376 質問に**テキギ**答える。（明治大）

適宜
場合・状況にちょうどよく合っていること。各自の判断に従うこと。

□377 現代社会の**テンケイ**的特徴。（九州大）

典型
同種のものの中で、それらの特徴を最も表しているもの。規範・基準になるもの。

□378 起承**テンケツ**がはっきりしていない。（法政大）

転結
（「起承てんけつ」の形で）順序や組み立てのこと。

□379 病院で**テンテキ**を受ける。（法政大）

点滴
しずく。したたり。てんてき注射の略。

□380 歴史学の**デンドウ**。（広島大）

殿堂
ある分野の中心となる建物。広大で壮麗な建物。

□381 **テンネン**資源が枯渇している。（関西大）

天然
人為が加わっておらず、ありのままであることや、そのさま。⇔人為（じんい）

□382 ボートが**テンプク**する。（北海道大）

転覆
船・車両・物事の価値などがひっくり返ること。政府などが倒れること。

□383 **トウガイ**事案に関する報告書。（明治大）

当該
そのもの。そのことに直接関係すること。

□384 資産を**トウケツ**する。（法政大）

凍結
こおりつくこと。資産・資金の移動や使用を一時的に禁止すること。

＊□385 **トウサク**的な快楽に溺れる。（関西学院大）

□386 ベンチャー企業に**トウシ**する。（関西大）

□387 **トウセイ**の取れた軍団。（中央大）

□388 国を**トウチ**する最高権力。（一橋大）

□389 アルプスを**トウハ**する。（立教大）

□390 現実から**トウヒ**する。（センター）

＊□391 この学校での**トクイ**な存在。（中央大）

□392 大いなる成長を**ト**げる。（学習院大）

□393 **トタン**に論争が巻き起こる。（立教大）

□394 **トトウ**を組む。（関西学院大）

□395 悲嘆に暮れる友人を**ナグサ**める。（九州大）

倒錯　反対になること。本能や感情などが正常のものとは正反対の形で表れること。

投資　将来を見込んだり、利益を得たりするために、事業や不動産などへ金銭や力を注ぐこと。

統制　まとまりのない物事を一つにまとめておさめること。一定の計画や意図に従って指導すること。

統治　すべおさめること。主権者が国土・人民を支配すること。

踏破　困難な道や障害を越えて歩き抜くこと。

逃避　窮地や困難に直面したとき、それから免れようと、触れないようにしたり、隠れたりすること。

特異　他とはっきり違っていることや、非常にすぐれていること。

遂　目的を成し終えること。また、最後に結果を出すこと。

途端　あることが行われた、ちょうどそのとき。

徒党　ある目的のために集まった仲間・団体のこと。

慰　楽しませたり、落ちつかせたりして、悲しみや苦しみなどを紛らわすこと。

396 法に**ノット**って裁く。（青山学院大）

397 **ハイグウシャ**と同居する。（千葉大）

*398 **ハイシン**行為の責任を問う。（センター）

399 新たな問題が**ハセイ**する。（東北大）

400 以前と同じやり方で**ハソク**する。（立命館大）

401 松林が**バッサイ**される。（中央大）

402 西洋**ハッショウ**の手法。（一橋大）

403 侵略国家の軍事侵攻を**ハバ**む。（千葉大）

404 議長の提案に**ハンタイ**する。（明治大）

*405 大きな**ハンキョウ**をもたらした。（神戸大）

406 森羅**バンショウ**をつかさどる全能の神。（中央大）

則 基準・規範として従うこと。模範として真似ること。

配偶者 夫婦の一方から見た他方のこと。≒伴侶（はんりょ） ×配遇者

背信 しんらいや約束を破り、裏切ること。

派生 ある根源から分かれて起こること。

把捉 しっかりとつかまえること。また、理解すること。≒把握（はあく）

伐採 森林の木や竹などを切り倒すこと。

発祥 物事が起こりあらわれること。

阻 行く手を妨げること。気持ちが怯むこと。

反対 物事の様子や位置などが逆の関係にあること。他の意見などに賛成しないこと。⇔賛成（さんせい）

反響 発表やある事柄によって見られる変化や世間からの評判。

万象 （「森羅ばんしょう」の形で）宇宙に無数に存在する一切の物事を指す。

407 **バンユウ**を持って重職を引き受けた。（学習院大）
408 地震で甚大な**ヒガイ**を受ける。（中央大）
409 **ビサイ**な変化を感じ取る。（広島大）
410 官僚機構が**ヒダイ**化している。（中央大）
411 夢の実現のために実践は**ヒッス**である。（中央大）
*412 現実的でない**ヒユ**。（立教大）
413 銃弾が**ヒョウテキ**に当たる。（関西大）
*414 各地を**ヒョウハク**する。（千葉大）
415 食卓で漬物の出る**ヒンド**が増える。（中央大）
416 発想が**ヒンコン**だ。（千葉大）
417 道路を**フウサ**する。（早稲田大）

蛮勇 事の道筋や理非を考えずに突進する度胸。
被害 身体・生命・物品を損なうような危険、不利益をこうむること。
微細 非常にこまかく小さいこと。ほんのわずかなこと。
肥大 こえてふとること。おおきいこと。
必須 欠かさず用いるべきこと。どうしてもなくてはならないもの。
比喩 物事を説明する際に、類似している他の物事を借りて表現すること。
標的 まとやもくひょうとして狙われる対象。
漂泊 流れただようこと。住居や生業がなく、さまよい歩くこと。
頻度 ある物事が期間や間隔をおいてどれほど繰り返し生じるか、また行われるかを表す。
貧困 まずしくて生活にこまっていること。大切なものが欠けて足りないこと。⇔富裕（ふゆう）
封鎖 出入りさせないように扉や交通を閉ざすこと。

*□418 時代の**フウチョウ**に合わない。（中央大）

*□419 各地に**フキュウ**している。（神戸大）

□420 話が事実と**フゴウ**する。（関西大）

□421 多額の**フサイ**を抱えて倒産する。（法政大）

□422 **フズイ**する問題に対処する。（東北大）

□423 **フソ**伝来の土地を受け継ぐ。（関西学院大）

*□424 **フソン**な態度を改める。（関西大）

□425 心理的な**フタン**が小さい。（大阪大）

□426 水が**フットウ**する。（中央大）

□427 仮面**ブトウ**会を開く。（センター）

□428 新しい勤務地に**フニン**する。（関西大）

風潮 世間や時代の傾向や成り行き。

普及 広く行きわたること。また、行きわたらせること。
≒流通（りゅうつう）

符合 二つ以上のものがぴったりあうこと。

負債 他から金銭や物を借りること。また、その返済の義務を抱えること。

付［附］随 ある物事が他につきしたがうこと。従属的な関係にあること。

父祖 ちち・そふのこと。また、それ以前のせんぞのこと。

不遜 思い上がった態度を取り、へりくだる気持ちがないこと。

負担 義務や責務などをやむを得ず引き受けることや、それ自体を指す。

沸騰 ものや液体などがわき上がり、煮えたつこと。激しく、盛んになること。

舞踏 まい踊ること。クラシック・ダンス。

赴任 職務として割り当てられた勤務地に行くこと。

429 敵を**フンサイ**する。（中央大）
粉砕
固体を細かく打ち壊すこと。完全に負かすこと。

*430 **ヘイガイ**を取り除く。（法政大）
弊害
他に悪い影響を与える要因となる物事。

431 時を**ヘダ**てること百年。（共通テスト）
隔
間に物を置いて遮ったり、距離をあけたりすること。

432 優勝旗を**ヘンカン**する。（共通テスト）
返還
一度手に入れたものを、元の所有者にかえすこと。

*433 ヨーロッパ**ヘンチョウ**の価値観。（明治大）
偏重
特定のものや物事の一面だけを大切にすること。

*434 なんの**ヘンテツ**もない絵。（京都大）
変哲
普通とは異なっていること。

435 正当**ボウエイ**が認められる。（九州大）
防衛
他からの危害・攻撃に対応して守ること。

436 悪政に対する民衆の武装**ホウキ**。（立教大）
蜂起
大勢の者が一斉に暴動・反乱をおこすこと。

437 事件は世間から**ボウキャク**されている。（一橋大）
忘却
全く覚えておらず、わすれ去ってしまうこと。

438 **ボウギャク**の限りを尽くす。（学習院大）
暴虐
むごい行いが許容の範囲を超え、人を苦しめること。

439 絵馬を神社に**ホウノウ**する。（法政大）
奉納
神仏を喜ばせ、鎮まってもらうために、供物をしたり、芸能をその前で行ったりすること。

□ 440 アジア各地を**ホウロウ**する。（関西学院大）

□ 441 日米安全**ホショウ**条約を結ぶ。（明治大）

□ 442 けんかの仲裁に**ホンソウ**する。（関西学院大）

□ 443 **ボンノウ**を断ち切り、悟りの境地に達する。（明治大）

□ 444 自由**ホンポウ**な生活を送る。（立教大）

□ 445 原文に忠実に**ホンヤク**する。（早稲田大）

□ 446 同様の事例は**マイキョ**にいとまがない。（北海道大）

*□ 447 **マイボツ**した才能を発掘する。（名古屋大）

□ 448 事実が**マッショウ**される。（中央大）

□ 449 犯罪は**ミスイ**に終わった。（法政大）

□ 450 美しい陶器に**ミリョウ**される。（神戸大）

放浪 一カ所に長く定住せず、あてもなく気ままにさまよい歩くこと。

保障 ある状態が侵されたり、損なわれたりしないように、防護し守ること。

奔走 忙しくはしり回ること。可愛がり世話を焼くこと。

煩悩 心身をなやます一切の心の動き。その種類は多く、欲望・執着や、怒り・ねたみなどがある。

奔放 （「自由ほんぽう」の形で）世間の慣行や常識などにとらわれず、自分の思うがままに振る舞うこと。

翻訳 ある言語や文章の内容を、他の言語に置き換えて表すこと。

枚挙 （「まいきょにいとまがない」の形で）たくさんありすぎて数えきれないこと。

埋没 うもれ、隠れて見えなくなること。世に知られないでいること。夢中になること。

抹消 誤り、または不要なものとしてけすこと。

未遂 犯罪の実行に着手したが、結果的に目的を達成しなかったこと。⇔既遂（きすい）

魅了 人の心を引き付け、夢中にさせてしまうこと。

□451 かつての栄光に**ミレン**がましく執着する。（上智大）

*□452 両者の見方に**ムジュン**がある。（学習院大）

□453 先人の教えを**メイキ**する。（関西大）

□454 大山**メイドウ**して鼠一匹。（関西学院大）

□455 近代の**メイモウ**の一つにすぎない。（京都大）

*□456 考えを**メイリョウ**に表している。（上智大）

□457 権力者に**モウジュウ**する。（関西学院大）

□458 光が**モウマク**の上で像を作る。（学習院大）

□459 **モウレツ**な速度で進むグローバル化。（立命館大）

*□460 関わり方を**モサク**する。（青山学院大）

□461 **ユウジュウ**不断で行動が遅い。（千葉大）

未練 執心が残って、きっぱり諦めることができないさま。

矛盾 二つの物事が食い違って、論理的に整合しないこと。

銘記 深く心に刻み付けて忘れないこと。

鳴動 （「大山めいどうして鼠一匹」の形で）事前の騒ぎが大きいのに対し、実際に起きた結果は非常に小さいこと。

迷妄 物事の道理を知らないために、間違ったものを事実と思い込むこと。

明瞭 曖昧なところがなく、はっきりしている様子。

盲従 是非・善悪の分別なく、ただ相手の言う通りにすること。

網膜 眼球壁の最も内側のまく。ここに光の感受装置がある。

猛烈 勢いや程度が甚だしいさま。

模索 見当のつかないものを試行錯誤しながら探っていくこと。

優柔 （「ゆうじゅう不断」の形で）物事の決断力に乏しく、決断前後に迷ってばかりいること。

□462 勝利の**ユエツ**に浸る。（中央大）
愉悦
心からたのしみ、よろこぶこと。

□463 運命に身を**ユダ**ねる。（法政大）
委
人や他のものにすっかり任せること。

□464 政界との**ユチャク**を断ち切る。（立教大）
癒着
物事が互いに深く依存し、離れがたく結び付いていること。傷口がふさがること。

*□465 神社の**ユライ**を調べる。（関西学院大）
由来
物事がそれを起源とするところや、たどってきた経過。

□466 隣国からの**ヨウセイ**に応える。（法政大）
要請
必要な事柄であるとして、強く願い求めること。

□467 **ヨクヨウ**をつけて話す。（関西大）
抑揚
言葉の内容に即して、話す声の調子を上げたり下げたりすること。

□468 **ライヒン**を丁重にもてなす。（早稲田大）
来賓
式や会に客として招かれてきた人。

□469 全課程を**リシュウ**する。（明治大）
履修
決められた学科や課程などを習いおさめること。

*□470 広く世間に**ルフ**した本。（関西大）
流布
世の中に広く知れわたること。

□471 反応が**レンサ**する。（千葉大）
連鎖
物事が互いにつながっていることやそのつながり。

□472 言葉を**ロウヒ**する。（一橋大）
浪費
金銭・時間・精力などを利益のない無駄なことに使ってしまうこと。

□473 社会全体のアンネイを保つ。（青山学院大）
*□474 批判をイッシュウする。（早稲田大）
□475 インシュウを打破する。（関西大）
□476 微生物が人間をオソう。（共通テスト）
□477 十九世紀を代表するケッサク。（法政大）
□478 彼の意見にはシュコウできない。（センター）
*□479 ソクブツ的な意味を持つ漢字。（上智大）
□480 にらみ合ってタイジしている。（明治大）
*□481 さまざまな広告バイタイを用いる。（センター）
□482 相手の意見にハンバクする。（法政大）
*□483 教訓として肝にメイじておく。（明治大）

安寧　穏やかに収まり、無事でやすらかなこと。≒安泰（あんたい）
一蹴　要求などを問題にせずはねつけること。簡単に相手を負かすこと。
因習　古くから伝わってきたしきたり。
襲　不意に攻めかけたり、危害を加えたりすること。
傑作　さくひんで大変すぐれた出来栄えであることやそのさくひん。また、ひどく滑稽なさま。
首肯　うなずき納得すること。賛成すること。
即物　主観を交えず、事実にそくして考えたり行ったりするさま。ぶっしつ的なことを優先して考えるさま。
対峙　向かい合って立つこと。双方にらみ合ったまま動かないこと。
媒体　一方から他方へ伝達するための手段となるもの。
反駁　他人の意見に対して論じ返すこと。≒反論（はんろん）
銘　心にしっかりと刻み付けて忘れないこと。

差をつける重要漢字 ★

- □1 手を上げて友人に**アイサツ**する。（大阪大）
- □2 **アエン**の含有量を調べる。（青山学院大）
- □3 知人に**アザム**かれる。（大阪大）
- □4 三つの言語を**アヤツ**る。（中央大）
- □5 心境は**アンノン**とはしていなかった。（立教大）
- □6 実験結果を**アンモク**の前提とする。（中央大）
- □7 **イアツ**的な態度を取る。（関西大）
- □8 敵を**イカク**する。（共通テスト）
- □9 生徒たちが**イク**同音に答える。（センター）
- □10 宮殿にふさわしい**イゲン**を備える。（法政大）

	正解	意味
1	挨拶	人と会ったときや別れるときなどに交わす動作や言葉。祝意や謝意などを述べること。
2	亜鉛	金属元素の一つ。乾電池にも含まれている。
3	欺	言葉巧みにうそを言い、相手に本当だと思わせてだますこと。
4	操	巧みに使いこなし、動かすこと。他人を使って自分の思う通りにさせること。
5	安穏	何事もなく心静かに落ち着いていることやそのさま。
6	暗黙	目に見えず、耳で聞こえないこと。何も言わずにだまっていること。⇕明示（めいじ）
7	威圧	実力や権力などによって相手の恐怖心をあおり、抑えつけること。
8	威嚇	強い力を持って脅し、相手を恐れさせること。
9	異口	（「いく同音」の形で）多くの人が、くちをそろえて同じことを言うさま。意見がすべて一致すること。
10	威厳	堂々としていて立派なこと。おごそかなこと。

□11 **イゴ**のプロ棋士になった小学生。（関西学院大）

□12 臓器**イショク**の技術が進む。（関西学院大）

*□13 **イタン**的な考えを排除する。（法政大）

□14 理論的に首尾**イッカン**している。（関西学院大）

□15 **イッキ**当千の強者。（関西大）

□16 **イッコ**だにされない意見。（法政大）

□17 桜が**イッセイ**に開花する。（センター）

□18 社会から**イッソウ**された言説。（早稲田大）

□19 酪農家としての**イトナ**み。（名古屋大）

□20 **イヤクキン**を払う。（関西学院大）

□21 **インジュン**な態度を取る。（中央大）

囲碁 ごを打つこと。または、ご。

移植 器官や組織などを他の個体や場所にうつしかえること。外国の文化や制度などを取り入れること。

異端 正統から逸れていること。例外的に信じられている信仰や思想など。

一貫 （「首尾いっかん」の形で）態度や方針などを変えずに最初から最後までつらぬき通すこと。

一騎 （「いっき当千」の形で）ひとりで千人を相手にできるほど強いこと。

一顧 ちょっと振りかえって見ること。心にとめ、考えてみること。

一斉 いくつかのものが集まって同時に何かを行うこと。

一掃 溜まっていたものを残らず払い除くこと。≒払拭（ふっしょく）

営 物事を行うこと。生活のためにする仕事や、神事・仏事を行うことも指す。

違約金 事前に決められた、債務者が取り決めに背いた際に債権者に払うおかねのこと。

因循 古いしきたりに従うばかりで、改めようとしないことやそのさま。

□22 前世からの**インネン**と諦める。（関西大）

□23 **インボウ**により失脚する。（中央大）

□24 雨の日は決まって**ウ**き目にあう。（神戸大）

□25 大水で濁流が**ウズ**を巻く。（学習院大）

□26 計画的な**エイイ**の積み重ね。（法政大）

□27 勝利の**エイカン**に輝く。（共通テスト）

□28 外部の**エイキョウ**を受ける。（千葉大）

□29 混乱の中、**エイダン**を下す。（センター）

*□30 現代性を**エイビン**に感じる。（中央大）

*□31 **エソラゴト**としか思えない計画。（京都大）

*□32 交渉が**エンカツ**に運ぶ。（関西大）

因縁　物事の起こり・由来・理由。物事が持つ定まった運命・宿命。

陰謀　ひそかに企てられるはかりごと。

憂　（「うき目」の形で）つらくて苦しいこと。またそのような体験。

渦　らせん状の勢いの良い水の流れ。めまぐるしく動いて混乱している状態。

営為　いとなみ。精神などが働くこと。

栄冠　勝利の証しに与えられるかんむり。また、輝かしい勝利・名誉自体を指す。

影響　あるものが他のものに力を及ぼして、変化や反応を起こさせること。

英断　すぐれた考えに立って、物事を思い切り良く、はっきり決めること。

鋭敏　感覚や才知などがするどいことやそのさま。

絵空事　大げさでありもしないこと。ものごとを誇張した表現。

円滑　邪魔がなく、物事がすらすら進むこと。角がなくてなめらかなことやそのさま。⇔順調（じゅんちょう）

33 喉《のど》に**エンショウ**が起きる。（センター）

34 海外**エンセイ**を取りやめる。（センター）

35 分析のために資料を**エンヨウ**する。（共通テスト）

36 証拠物が**オウシュウ**された。（早稲田大）

37 懸賞に**オウボ**する。（センター）

38 **オウボウ**な態度を取る。（中央大）

39 危険を**オカ**してまで進むな。（センター）

40 勝手な**オクソク**にすぎない。（学習院大）

41 授業料を学校に**オサ**める。（明治大）

42 悪の**オンショウ**となる。（中央大）

43 伝統へ**カイキ**することの重要性。（明治大）

炎症 細胞・組織になんらかの侵襲を受けた際の、発熱や発赤などを伴う生体の応答。

遠征 調査・探検・試合などの目的で、離れた場所まで行くこと。

援用 自分の主張の助けとして、他の文献・事例・慣例などをもちいること。

押収 裁判所や捜査機関などが証拠物を占有し、確保すること。

応募 ある目的のための呼びかけ・収集に対し、自ら手続きをして参加を申し込むこと。

横暴 権力のまま、勝手気ままでらんぼうな行いをすることやそのさま。

冒 危険や困難を承知のうえで踏み込むこと。聖域や尊厳などを傷つけること。

憶［臆］測 自分勝手にすいそくすること。当て推量。

納 物事をあるべきところに落ち着かせること。物をしまい入れること。

温床 ある結果が起こりやすい環境。通常、悪いものについて言う。

回帰 ひとまわりして、また元の状態に戻ること。

□44 **カイキ**日食を見る。（関西学院大）

□45 **カイキョ**を成し遂げる。（関西学院大）

□46 **カイコ**録を出版する。（センター）

□47 祖母を手厚く**カイゴ**する。（センター）

*□48 巧みな会話で敵を**カイジュウ**する。（関西大）

□49 社会全体の**カイソウ**の中で、重要な位置。（センター）

□50 社会の変化による**カイテイ**事項。（千葉大）

□51 **カイヒン**公園で水遊びをする。（センター）

□52 終戦直後の**カイメツ**的な社会状況。（関西大）

□53 腫瘍が**カイユ**する。（センター）

□54 敗戦とともに**ガカイ**した。（青山学院大）

皆既 太陽が月によって、あるいは月が地球によって完全に覆い隠される現象。

快挙 胸がすっとするようなすばらしい行為や行動。

回顧 過ぎ去った出来事を思い起こすこと。後ろを振りかえること。≒回想（かいそう）

介護 高齢者や病人などの世話をし、日常生活を助けること。

懐柔 上手に扱って、自分の思い通りに従わせること。

階層 建造物の上下のそう。社会や経済的地位により、序列化された社会のそう。

改訂 書物の内容を直しあらためること。法律や取り決めなどをあらため、正当な形にすること。

海浜 うみのほとり。

壊滅 物事の形や組織などが、ひどくこわれること。もしくはこわして駄目にすること。

快癒 病気や怪我などが完全に治ること。

瓦解 物事の一部の乱れや破れ目などから、全体の組織が壊れること。

55 **カキネ**を越えて侵入する。（立教大）
56 上司に怒られる**カクゴ**がない。（早稲田大）
57 誤った情報を**カクサン**してしまう。（センター）
58 **カクシキ**が高い旅館に泊まる。（関西大）
*59 両者の**カクシツ**が続く。（関西学院大）
60 時代によって**カクゼン**と異なる主張。（早稲田大）
61 **ガクフ**のとおりに演奏する。（関西大）
62 **カクリョウ**の名簿を作成した。（学習院大）
63 **カソウ**行列に参加する。（法政大）
64 欲の**カタマリ**のような人物。（センター）
65 **カダン**にチューリップを植える。（関西学院大）

垣根 間を分けるもの。囲い、仕切り。

覚悟 悪いことを予想して、心構えをすること。仕方ないと諦めること。

拡散 ひろがって、ちること。⇔集中（しゅうちゅう）

格式 身分や家柄などにより決められたしきたり。和歌や文章などの決まり。

確執 自分の意見をはっきり主張して譲らないこと。またそこから起こる争い。

画然 区別が大変はっきりしているさま。明白なさま。≒明確（めいかく）

楽譜 歌曲などを一定の記号に従って書き表したもの。

閣僚 ないかくを組織している各大臣。

仮装 かりに、他のものらしく見せかけるため、姿を飾り立てること。

塊 一つにまとまった固形物。一つのところに集まっているもの。

花壇 草やはなを植えるために土を盛ったり仕切りを作ったりしたところ。

*□66 **カッキテキ**な見解。（東北大）

*□67 高僧に**カッパ**される。（広島大）

□68 先へ進んでいく**カテ**にする。（早稲田大）

□69 他と同じ**カテイ**が生じる。（関西学院大）

□70 **カモツ**を載せて走行する。（センター）

□71 諸事情を**カンアン**する。（センター）

□72 部屋の**カンキ**を心掛ける。（センター）

□73 車と車の**カンゲキ**を縫って進む。（関西大）

□74 **カンケツ**で効果的な説得。（関西学院大）

□75 病人や怪我人を**カンゴ**する。（センター）

□76 **カンコン**葬祭での助け合い。（関西学院大）

画期的 今までとは時代を区切るほど新しいさま。新たな時代を開くさま。

喝破 大声で叱ること。誤った説を排除し、真理を明らかにすること。

糧 生きるための食べ物。精神や生活の活力の源泉となるもの。

過程 物事が変化・進行して、ある結果に到達するまでの道筋のこと。

貨物 輸送機関によって運送されるものの総称。

勘案 あれこれと事情や物事を考え合わせること。

換気 室内などの汚れたくうきを外の新鮮なものと入れかえること。

間隙 物と物とのすきま・あいだ。人との関係における隔たり。

簡潔 手短で、要領をよく得ているさま。短くてはっきりしているさま。⇔冗漫（じょうまん）

看護 病人や怪我人の手当や世話をすること。≒看病（かんびょう）

冠婚 （「かんこん葬祭」の形で）元服・こんれい・葬式・祖先の祭礼のこと。≒慶弔（けいちょう）

□77 国境線をカンシする。（センター）
*□78 運命をカンジュする。（中央大）
*□79 カンショウ的な気分になる。（センター）
□80 星は発見者の名前をカンする。（立教大）
*□81 敵のカンセイにはまった。（明治大）
□82 カンダイな処置を期待する。（センター）
□83 浅瀬をカンタクする。（センター）
□84 カンタン相照らす。（関西学院大）
□85 会の出席者たちとカンダンする。（大阪大）
□86 トンネルがカンツウした。（関西学院大）
□87 チームのカントクを辞任した。（法政大）

監視 用心して見張ること、取り締まること。また、その人。

甘受 仕方がないとして、うけ入れること。

感傷 物事にかんじて悲しむこと。心をいためたり、同情したりする動きやその気持ち。

冠 そのものを限定する言葉や名称、称号などを上に付けること。元服すること。

陥穽 落とし穴。人をだますことや、失敗させるための策略。

寛大 心が広く、人の失敗を許して責めないことやそのさま。≒寛容（かんよう）⇔厳重（げんじゅう）

干拓 湖沼や海浜などを埋め立てて陸地や耕地にすること。

肝胆 （「かんたん相照らす」の形で）互いに心の底まで打ち明けて、理解し合った親しい仲のこと。

歓談 心を開いて仲良く語り合うこと。

貫通 ある物の中をつらぬきとおること。万事につうじていること。

監督 見張ったり、指図したりすること。またその人や機関。チームを指導したり指揮したりする人。

□88 評判はあまり**カンバ**しくない。（立教大）

芳
心が引かれる好ましい物事。匂いが良いこと。

□89 **カンプ**なきまでに打ちのめされる。（関西大）

完膚
傷のない箇所。不足のないひふ。

□90 **カンマン**な仕事ぶり。（立命館大）

緩慢
動きがゆっくりして遅いこと。物事の処理の仕方が寛大なこと。

□91 証人を**カンモン**する。（センター）

喚問
裁判所・議会などの公的な機関が、特定の人物をよび出してといただすこと。

□92 鉄の**ガンユウ**量を計る。（明治大）

含有
成分や内部の一部としてふくんでいること。

□93 健康には十分な睡眠が**カンヨウ**だ。（明治大）

肝要
非常に大切なことやそのさま。
≒肝心／肝腎（かんじん）

□94 今までの**カンレイ**に従う。（センター）

慣例
以前から変わらず繰り返し行われ、一般的なしきたりになった事柄。

□95 絵本には多くの**ギオンゴ**を使う。（早稲田大）

擬音語
物の声やおとなどを表した言葉。「わんわん」「ざあざあ」の類。

□96 身のまわりで**キカイ**な現象が起こる。（センター）

奇怪
常識では理解できない不思議なこと。理にかなわないさま。

*□97 **キガイ**を持って行動する。（関西大）

気概
困難に挫折しない強い意志。

□98 **キカンシ**炎を患う。（明治大）

気管支
呼吸するときの、くうきの通り道（きどう）の一部。

□99 最新の**ギキョク**は観客を魅了した。（早稲田大）
戯曲
文学と演劇の形式。人物の会話やせりふなどを主体として、物語を展開する。

□100 **キショウ**な鉱石。（学習院大）
希少
極めてまれであることや、数がすくなく珍しいこと。

□101 **キジョウ**の空論。（センター）
机上
（「きじょうの空論」の形で）想像や仮説に沿った、実地では役に立たない理論や考え。

*□102 **キセキ**的な生還を果たす。（関西学院大）
奇跡
自然を超える力によって起こる不思議な現象や出来事。

*□103 これまでの**キセキ**をたどる。（関西学院大）
軌跡
車輪のあと。先人の行い、またはある人や物事がたどってきたあと。

□104 **キソン**の方式にこだわる。（青山学院大）
既存
以前からそんざいすること。
！「きぞん」は慣用読み

*□105 **キチ**の事実によって説明する。（関西学院大）
既知
すでにしられていること、またはしっていること。

□106 平和を**キネン**する。（関西学院大）
祈念
神仏に、ある願いがかなうようにいのること。

□107 景気回復の**キバク**剤になる。（青山学院大）
起爆
ばくはつを引きおこすために用いる薬剤。ある物事がおこるきっかけとなるもの。

□108 絵の**キバツ**さと大胆さが印象的だ。（北海道大）
奇抜
非常に風変わりで突飛であることやそのさま。極めてすぐれていること。≒斬新（ざんしん）

□109 **キフク**に富んだ生涯。（明治大）
起伏
勢いが盛んになったり衰えたりすること。地形が高くなったり低くなったりすること。≒凹凸（おうとつ）

*110 **ギマン**に満ちた弁舌。（早稲田大）

111 彼の申し出は**キャッカ**された。（中央大）

112 ひたすら**ギャッキョウ**に耐える。（センター）

113 **キュウケイ**時間に一服する。（千葉大）

114 改革派が**ギュウジ**る集団。（法政大）

*115 絶体絶命の**キュウチ**に陥る。（明治大）

116 事故現場は阿鼻**キョウカン**の巷《ちまた》と化した。（関西大）

117 水が**ギョウコ**して氷となった。（早稲田大）

118 二人が別れたことを知って**ギョウテン**した。（法政大）

119 犯人から**キョウハク**状が届く。（関西学院大）

*120 小説は**キョコウ**の世界だ。（関西学院大）

欺瞞 うそをついてだますこと。

却下 意見や願い出などを退けること。訴訟上の申立てや申請などを排斥すること。≒棄却（ききゃく）

逆境 思い通りにいかず、苦労の多い状態。⇔順境（じゅんきょう）

休憩 仕事や運動などを一時中止してやすむこと。

牛耳 ある集団の中心人物となり、団体や組織を支配し、思いのままに動かすこと。

窮地 追い詰められ、困り果てた苦しい状態や立場。

叫喚 （「阿鼻きょうかん」の形で）悲惨な状況に陥った人々が、大声を上げてわめきさけぶこと。

凝固 こってかたまること。液体がこたいに変わる現象。⇔融解（ゆうかい）

仰天 非常に驚くこと。

脅迫 相手にある行為をさせるため、おどしつけること。

虚構 事実でないことを本当のように作り上げること。作り話、フィクション。

□121 兄の**キョドウ**が不審だ。（法政大）
*□122 日本には様々な通過**ギレイ**がある。（中央大）
□123 財政を**キンシュク**する。（共通テスト）
□124 **キンシン**処分を下される。（明治大）
□125 心の**キンセン**に触れる。（共通テスト）
□126 **キンベン**さは顔から判断できない。（学習院大）
*□127 **グウゾウ**崇拝を禁止する。（法政大）
□128 害虫を徹底的に**クジョ**する。（関西学院大）
□129 細い穴に**クダ**を通す。（センター）
□130 最も忠実で**グチョク**な人物。（立教大）
□131 **クッセツ**した思いを抱く。（センター）

挙動 立ち居振る舞い。行為や様子を表す。

儀礼 慣習により定型化された行動様式や心構え。

緊縮 弛緩したものなどをしっかりと引き締めること。支出を切り詰めること。⇔緩和(かんわ)

謹慎 言葉や行いなどを控えめにすること。一定の期間、出勤や登校などを許さないこと。

琴線 弦楽器の糸。心の奥深くにある共鳴しやすい感情。

勤勉 仕事やべんきょうなどに励むこと。真面目に取り組むこと。⇔怠惰(たいだ)

偶像 木や石、土、金属などでできたぞう。神仏のように崇拝の対象となるもの。

駆除 害を追い払うこと。または追いのぞくこと。≒撤去(てっきょ)

管 内部が空洞になった筒状のもの。また、そうしたものを数える際に用いられる助数詞。

愚直 しょうじきで、臨機応変な行動を取れないことやそのさま。

屈折 おれて曲がること。考え方や表現などにわかりにくい点があること。光波などの進行方向が変わること。

□ 132 お金を**クメン**する。（センター）

□ 133 先祖を**クヨウ**する。（法政大）

□ 134 夜間の攻撃を**ケイカイ**する。（明治大）

□ 135 政界に**ケイキ**する不祥事。（東北大）

*□ 136 神の**ケイジ**を受けた人物。（法政大）

*□ 137 差別主義者を**ケイベツ**する。（学習院大）

□ 138 趣味の**ケイリュウ**釣り。（法政大）

□ 139 価値観が**ゲキテキ**に変化する。（大阪大）

□ 140 彼は**ケッペキ**で不正を許さない。（学習院大）

□ 141 **ケンアン**事項について話し合う。（明治大）

□ 142 空港に**ケンエキ**カウンターを設ける。（中央大）

工面 物事の手段や方法を考えて準備を行うこと。金まわり、懐具合。≒算段(さんだん)

供養 死者の霊にそなえものをしたり、法会を営んだりして冥福を祈ること。

警戒 危険や災害などに備え、前もって注意し、用心すること。

継起 物事が引き続いておこること。

啓示 はっきりわかるように、あらわしてしめすこと。神が人間に宗教的真理をしめすこと。

軽蔑 浅ましいもの、劣ったものとしてばかにすること。≒侮蔑(ぶべつ) ⇔尊敬(そんけい)

渓流 谷川、またはそのながれ。

劇的 えんげきを見ているかのように、緊張したり感動したり印象付けられたりするさま。

潔癖 汚れたものや不正を極端に嫌う性質やそのさま。

懸案 以前から問題となっていながら、未だ解決されていない事柄。

検疫 伝染病の侵入を防ぐため、必要に応じたけんさや措置を行うこと。

□143 言葉の**ゲンギ**を考える。（上智大）
原義 その言葉自体が最初に持っていた元の意味。

□144 治安悪化の**ゲンキョウ**のように扱われる。（学習院大）
元凶 悪者の中心人物。諸悪の根源。

*□145 自説を**ケンジ**する。（関西学院大）
堅持 考えや態度、方針などをかたく守り、他に譲らないこと。≒固持（こじ）

□146 無駄な**ゲンジ**を弄する。（明治大）
言辞 意見の発現、感情の発露としてのことばやことば遣い。

□147 結果を**ゲンシュク**に受け止める。（学習院大）
厳粛 おごそかで、慎み深いこと。きびしく、真面目なこと。重大であること。

□148 昆布を朝廷に**ケンジョウ**する。（明治大）
献上 物を主君や貴人などに奉ること。

□149 違反者を**ゲンセイ**に処分する。（関西学院大）
厳正 規準をきびしく守って、公平に行うこと。

□150 決定的な**ゲンチ**を取る。（関西学院大）
言質 後で証拠となることば。

□151 若年性**ケンボウ**症に悩まされる。（法政大）
健忘 脳の損傷といった病的な原因によるものわすれ。

□152 激しい**ケンマク**で迫る。（明治大）
剣幕 怒って感情が高ぶり、荒々しい様子。

□153 **ゴウカ**な食事を満喫した。（センター）
豪華 ぜいたくではなやかなことやそのさま。

□154 **コウキ**粛正を唱える。（学習院大）

□155 **コウキョウ**曲を演奏する。（大阪大）

□156 SNSの**コウザイ**。（センター）

□157 職場での**コウシ**混同を慎む。（関西大）

□158 歴史ドラマの時代**コウショウ**をする。（関西大）

□159 **コウソウ**に終止符が打たれる。（学習院大）

□160 **ゴウソウ**な宮殿建築。（関西学院大）

□161 近代化への**コウテイ**は苦戦の連続だ。（法政大）

□162 **コウトウ**無稽な説明。（北海道大）

□163 **コウレイ**の餅つき大会を開く。（センター）

*□164 カメラの**ゴカン**性のあるレンズ。（明治大）

綱紀 （「こうき粛正」の形で）規律を正すこと。国家の規律や不正を戒め正すこと。

交響 （「こうきょう曲」の形で）管弦楽のための大規模な楽曲。シンフォニー。

功罪 手柄や良い結果を生みだすことと、過ちや悪い結果を生みだすこと。

公私 （「こうし混同」の形で）こうてきなことと、してきなことを区別せず、一緒にすること。

考証 事柄の正確性を調査し、明らかにすること。

抗争 互いに逆らって、あらそうことや張り合うこと。

豪壮 物事の規模が大きく、堂々としているさま。

行程 目的地までの距離・道のり。ある目標を達成するまでのかてい。

荒唐 （「こうとう無稽」の形で）言動に根拠がなくでたらめで現実味のないことやそのさま。

恒例 物事がいつも決まって行われること、またその儀式や行事。

互換 たがいに取りかえること。

165 激戦地で**コグン**奮闘する。（中央大）

166 読者から**コクヒョウ**される。（関西学院大）

167 **コクモツ**の生産に重きを置いている。（法政大）

168 自説を**コジ**して譲らない。（青山学院大）

169 祭りに関する**コジ**来歴を調査する。（関西学院大）

170 **コタン**の境地に至る。（中央大）

171 **コドク**で質素な生涯。（センター）

172 門限破りは**ゴハット**である。（法政大）

173 **ゴバン**の目のように交差した道。（学習院大）

174 今宵、趣向を**コ**らしたもてなしを受ける。（学習院大）

175 日頃から**コンイ**な間柄の人。（関西大）

孤軍　（「こぐん奮闘」の形で）援助する者がいない中、独りで一生懸命努力すること。

酷評　思いやりなく、手厳しくひひょうすること。また、そのひひょう。

穀物　人類が常食とする農産品。米や麦、粟などの類。

固持　自分の意見や主義などをかたく守って変えないこと。≒堅持（けんじ）

故事　（「こじ来歴」の形で）昔から伝わってきたことについての歴史、またものごとの経緯。

枯淡　人柄や性質などがさっぱりしていて趣があることやそのさま。

孤独　頼りになる人がなく、ひとりぼっちであること。

御法度　禁じられていること。タブー。

碁盤　いご用具。ごいしを打つ平面のばん。

凝　夢中になって取り組むこと。また、細かいところまで気を配ること。

懇意　仲良く交際していること。思いやりのある親切な心。≒親睦（しんぼく）

176 成功する**コンキョ**はない。（上智大）

177 戦争の**サイカ**に苦しむ。（法政大）

178 すぐれた**サイカク**を発揮する。（センター）

179 上司の**サイリョウ**に委ねる。（中央大）

180 不安に**サイナ**まれる。（明治大）

181 情報が**サクソウ**する。（明治大）

182 計画が**ザセツ**する。（関西学院大）

183 体制を**サッシン**する。（中央大）

*184 注文が**サットウ**する。（センター）

185 **ザットウ**にもまれる。（センター）

186 母親から**サト**される。（早稲田大）

根拠　物事が存在するための理由、よりどころ。

災禍　てんさいや事故などによって受けるわざわい、予想外のさいなん。

才覚　機転や学識。頭をすばやく働かせ、物事を処理すること。

裁量　その人の意見に従って判断し、処理すること。

苛　厳しく責められたり、苦しめられたりすること。

錯綜　物事や情報などが複雑に入り混じること。

挫折　計画や事業などが途中で駄目になること。また、それが原因で気力を失うこと。

刷新　これまでの悪い面を除き去って、全くあたらしいものにすること。

殺到　多くの人やものなどが、一度に一カ所めがけて押し寄せること。

雑踏　人が多く、混み合うこと。≒混雑（こんざつ）

諭　物事の道理などをわかりやすく言い聞かせ、納得させること。

187 違法行為が日常**サハンジ**になる。（名古屋大）

188 問いかけを**サマタ**げられてしまう。（広島大）

189 破片が**サンイツ**している。（法政大）

190 **ザンテイ**的に彼をリーダーとする。（学習院大）

191 **サンミ**一体の改革。（早稲田大）

192 **シイタ**げられた市民が反乱を起こす。（神戸大）

193 究極の決断を**シ**いられる。（学習院大）

194 **ジギ**にかなった企画を立てる。（法政大）

195 事業の成功を測る**シキンセキ**。（広島大）

196 **シコウ**の美を追求する芸術。（法政大）

*197 森の中で**シサク**にふける。（千葉大）

茶飯事　珍しくもないごくありふれた日常や普通のこと。

妨　物事の進行の邪魔をすること。差し支える、禁止すること。

散逸　一つにまとまっていた書物や収集物などがばらばらになり、なくなってしまうこと。

暫定　正式に決まるまで、仮に決めておくことやその状態のこと。

三位　（「さんみ一体」の形で）重要なみっつのものが一つになること。

虐　ひどい扱いをして、苦しめること。

強　相手の意向を無視して、無理やりやらせること。

時宜　ときがちょうど適していること。

試金石　きんの純度を測るためのいし。転じて、力量や価値を判定する基準のこと。

至高　この上もなくけだかいこと。非常にすぐれていることやそのさま。

思索　論理的に秩序立てて深く考えること。

□198 自給**ジソク**の生活をする。（センター）

自足 （「自給じそく」の形で）必要とするものを他者に頼らず、みずからの力で間に合わせること。

□199 早く**シタク**をするように叱られた。（北海道大）

支度 予定されている物事を行うために必要なものをそろえること。準備、用意。

□200 **シツジツ**剛健な気風。（関西学院大）

質実 （「しつじつ剛健」の形で）飾り気がなく、真面目でしっかりしていることやそのさま。

□201 温暖で**シツジュン**な気候。（センター）

湿潤 水分が多く、しめっていることやそのさま。

□202 不祥事で評価が**シッツイ**する。（中央大）

失墜 名誉や地位などをうしなうこと。無駄に出費すること。×失堕

*□203 理不尽な要求を**シツヨウ**に行う。（関西学院大）

執拗 しつこいさま。自分の意見や態度などが頑固なさま。

□204 **ジヅラ**どおりの意味。（学習院大）

字面 語句の形状や並び方。文章の表層などから受ける意味や感覚。

□205 その宗教は**ジヒ**の心について説く。（一橋大）

慈悲 仏や菩薩が人々をいつくしみ、楽を与えて苦を取り除くこと。あわれむこと。

□206 海藻は**ジミ**に富んだ食べ物だ。（関西学院大）

滋味 栄養があっておいしい食べ物。物事に感じられる豊かで深いあじわい。

□207 **ジャッカン**二十歳になった弟。（関西学院大）

弱冠 男子二十歳の異称。年齢が若いこと。

□208 計画実行においてジャ**マ**になる存在。（中央大）

邪魔 妨げること。または妨げとなるもの。

□209 シユウを決する瞬間に立ち会う。（関西学院大）
□210 コートをジュウオウに走り回る。（センター）
*□211 シュウジを凝らした文章。（大阪大）
□212 飼い主にジュウジュンな犬。（関西大）
□213 シュウシン時間になったので布団に入った。（関西大）
□214 仕事をシュウセンする。（早稲田大）
□215 壊れた屋根をシュウゼンする。（関西学院大）
□216 芯の強い人ほどジュウナンに対応する。（センター）
□217 シュウネンを持ってやり遂げる。（関西大）
□218 緊張感がジュウマンする。（九州大）
□219 予算をシュクゲンする。（センター）

雌雄　めすとおす。まさっていることと劣っていること、勝ち負け。

縦横　勝手気ままで自由に振る舞うこと。たてとよこ、あらゆる方面のことも指す。

修辞　言葉をうまく使って美しく効果的に表現すること。またその技術。

従順　性質や態度などが穏やかで素直なこと。人の言うことによくしたがうことやそのさま。

就寝　ねること、ねむりに入ること。

周旋　売買や交渉などで間に立ち、世話をすること。事をとり行うために面倒を見ること。≒斡旋（あっせん）

修繕　壊れたり悪くなったりしたところを直すこと。

柔軟　堅さ・脆さがなくしなやかなこと。順応性に富んだ処置・判断ができるさま。

執念　ある一つのことにとらわれて、そこから動かない心、付いて離れない心。

充満　あるものでいっぱいになって、みちること。まんぞくすること。

縮減　計画や予算などの規模を小さくすること。

220 権力者の鶴の一声で**シュクセイ**が始まる。（中央大）

221 優勝して**シュクハイ**をあげる。（センター）

222 お金を貯めることだけが目的の**シュセンド**。（明治大）

223 **シュビ**良く実行する。（東京大）

224 近代的な歴史学が**ジュリツ**された。（関西大）

225 事故の**シュンカン**を映した映像。（千葉大）

226 労働三法を**ジュンシュ**する。（関西学院大）

227 **ショウ**末節の問題。（関西学院大）

228 二つの意見が新たな意見へ**ショウヨウ**される。（中央大）

229 独裁政権は三権を一手に**ショウアク**した。（学習院大）

*230 自らの生き方へと**ショウカ**していく。（中央大）

粛清 厳しく取り締まって不正を取り除き、世の中を整えきよめること。

祝杯 いわいの酒や、それを注ぐための容器。

守銭奴 お金に執着する、けちな人。

首尾 始めと終わり。事の成り行きや結果。物事をうまく処理すること。

樹立 物事がしっかりとたつこと。交配により新品種を作り出すこと。

瞬間 極めて短いじかん。≒刹那（せつな）

遵守 決まり・道徳・法律などにしっかりと従うこと。⇔違反（いはん）

枝葉 （「しよう末節」の形で）本質から外れた、どうでもいい事柄。

止揚 ヘーゲル弁証法の基本概念の一つ。あるものを否定しつつも、より高い段階において、他のものと統一すること。

掌握 自分の意のままにすること。全面的に自分が支配できるようにすること。

昇華 固体が直接、気体になること。物事が一段上の高尚な状態に高められること。

□231 **ジョウカク**や堀をめぐらせる。（中央大）

城郭

おしろの囲いや壁。外敵から守るための防御施設。

*□232 紛争が**ショウコウ**状態を保つ。（学習院大）

小康

病状や事態が一時的に治まり、安定した状態になること。

□233 事件の**ショウサイ**を調べる。（関西大）

詳細

くわしくこまかいことやそのさま。

□234 **ショウゼン**たる姿で帰国する。（法政大）

悄然

元気がなく、落ち込んでいるさま。静かでもの寂しいさま。

□235 **ショウソク**がはっきりしない。（神戸大）

消息

人や物事の状況・安否。≒音沙汰(おとさた)

□236 **ショウチョウ**があってもなお残り続ける形。（立教大）

消長

勢いが衰えることと盛んになること。

□237 街が**ショウド**と化す。（立教大）

焦土

焼けて黒くなったつち。家屋や草木などが跡形もなく焼けてしまったところ。

□238 **ショウトツ**を経て初めて提起される問題。（神戸大）

衝突

相反する利害や主張が対立し、言論や武力で争うこと。物体と物体がぶつかること。

□239 特許庁に**ショウヒョウ**を登録する。（関西大）

商標

自己で扱う品物やサービスを、他の業者の物と区別するために用いるマーク。

□240 **ジョウヨ**スペースを活用する。（大阪大）

剰余

残り、あまり。割り算のあまりのことも指す。

□241 善行を**ショウヨウ**する。（法政大）

称揚

褒めあげること、褒めたたえること。≒称賛(しょうさん)

242 悪い結果を**ショウライ**する可能性。（中央大）

243 とんでもない数々の**ショギョウ**。（関西学院大）

244 友人の成功に**ショクハツ**される。（関西大）

245 出来事が詳しく**ジョジュツ**されている。（関西学院大）

246 日本にも**ジョジョ**に定着していく。（中央大）

247 **ショセイジュツ**を身に付ける。（関西学院大）

248 学問の裾野を広げようと**ショセキ**を読む。（関西学院大）

249 **ショセン**は出世できないと諦める。（立命館大）

250 応急**ショチ**を求める。（関西学院大）

251 敗戦に意気**ショウチン**する。（関西学院大）

*252 **ショヨ**の目的の達成。（早稲田大）

招来　人や事態をまねき寄せること。

所行［業］　おこない。多く、好ましくない振る舞いに対していう。

触発　物にふれるように刺激を与え、行動の意欲を起こさせること。

叙述　物事の事情や考えなどについて順を追ってのべること。また、そののべたもの。⇔執筆（しっぴつ）

徐々　挙動が落ち着いているさま。少しずつ進行、変化するさま。

処世術　社会の中で巧みに生活する方法。

書籍　本のこと。

所詮　最後に落ち着くところ。つまるところ。つまり。

処置　状況に応じて判断し、手立てを講じることで、物事や傷、病気の始末をつけること。

消沈　（「意気しょうちん」の形で）元気がなくなりひどく落ち込むこと。

所与　他からあたえられていることやそのもの。

□253 **ジンジョウ**の者ではないとうわさが立つ。（中央大）

□254 ベートーヴェンに**シンスイ**する。（センター）

□255 **ジンチク**無害な動物。（中央大）

□256 **シンチョウ**な態度が望まれる。（法政大）

*□257 確かな**シンビ**眼を身に付ける。（関西学院大）

□258 感情の**シンプク**が大きい。（立教大）

*□259 **シンミョウ**な面持ちで話を聞く。（関西学院大）

□260 **ズイキ**の涙を流す。（千葉大）

□261 名誉市民候補に**スイキョ**する。（関西大）

*□262 誰にとっても**スイゼン**の的。（法政大）

*□263 伝統工芸が**スイタイ**しつつある。（中央大）

尋常　特別でない、普通のこと。見苦しくなく、すぐれていること。素直・立派なこと。

心酔　ある人や物事にこころを奪われて熱中すること。虜になること。≒傾倒（けいとう）

人畜　（「じんちく無害」の形で）ひとや動物などに対して有害でないこと。

慎重　注意深く行動することやそのさま。⇔無謀（むぼう）

審美　自然や芸術などのうつくしさの本質や現象などを研究し、明らかにしようとすること。

振幅　物体が揺れているときの、しんどうの中心から最大変位までの距離。

神妙　人間の能力を超えた不可思議な現象やそのさま。また、健気で素直なこと。

随喜　人の善事を見て、これにしたがいよろこぶこと。

推挙　ある人をある官職や地位などに適当な人として薦めること。≒推薦（すいせん）

垂涎　よだれをたらすこと。ある物を手に入れたいと強く熱望すること。(!)「すいえん」は慣用読み

衰退　勢いや活力などがおとろえて弱まること。⇔発展（はってん）

□264 **スイトウ**簿を管理する。（法政大）
□265 **ズイハン**して渡米する。（北海道大）
□266 胸中を**スイリョウ**する。（明治大）
□267 **スンカ**を惜しんで働く。（関西大）
□268 **セイガン**書を市議会に提出する。（関西大）
＊□269 恩人の**セイキョ**を悼む。（法政大）
□270 **セイコウ**雨読の生活を送る。（センター）
□271 **セイコン**込めて成した仕事。（学習院大）
□272 **セイジュク**した持続可能な社会。（北海道大）
□273 **セイミツ**に測定する。（関西学院大）
□274 恐怖のあまり**ゼッキョウ**する。（センター）

出納 だすことと入れること。特に金銭や物品の動きのことを指す。
随伴 おともとして一緒に行動すること。ある物事にともなって起きること。
推量 物事の状態や程度、他人の心の中などを想像して判断すること。
寸暇 ちょっとした空き時間。
請願 こいねがうこと。国民が国や地方公共団体の機関に、文書で希望を申し出ること。
逝去 他人の死を敬っていう語。
晴耕 「せいこう雨読」の形で）はれた日は田畑をたがやし、雨の日は家で読書をすること。
精魂 たましいのこと。
成熟 作物・心・身体などが十分に育つこと。最も適当な時期に達すること。
精密 極めて細かく行き届いていること。細部まで正確で、巧みに作られていること。
絶叫 ありったけの声を出してさけぶこと。

275 市場を**セッケン**する。（立教大）

276 予算の**セッショウ**をする。（センター）

277 **ゼッセン**を繰り広げる。（関西大）

278 **セッパク**した課題を解決する。（明治大）

279 **センエイ**的なリーダー。（関西大）

*280 生産が**ゼンジ**増加する。（早稲田大）

*281 **センニュウケン**にとらわれない。（中央大）

*282 評論における**センパク**な意見。（上智大）

283 **センメイ**によみがえった記憶。（明治大）

284 **ゼンモンドウ**のようなやり取り。（センター）

*285 **センリツ**を覚えるニュース。（北海道大）

席巻 片端から領土を次々と攻め取ること。勢いよく、自分の勢力範囲を拡大すること。

折衝 利害の異なる相手と問題解決に向けて交渉や駆け引きを行うこと。≒交渉（こうしょう）

舌戦 激しく口論すること。

切迫 期日などが差しせまること。追い詰められた状態になること。

先鋭 するどくとがっていること。意気が盛んで過激な思想・行動のこと。❗「尖鋭」とも書く

漸次 だんだん。徐々に。

先入見 知識や経験に基づいて事前に作られた固定観念。

浅薄 学問や思慮があさく、行き届いていないことやそのさま。

鮮明 はっきりしていてあざやかなさま。

禅問答 わかったようなわからないような、真意が捉えにくい会話やり取り。

戦慄 恐れで体が震えること。

286 悪の**ソウクツ**を攻撃する。（明治大）

287 重責を**ソウケン**に背負う。（関西大）

＊288 理想と現実の**ソウコク**。（立教大）

289 **ソウゴン**な式典が開かれた。（関西大）

290 **ゾウチク**したばかりの家。（センター）

291 映画の中の**ソウワ**。（上智大）

292 彼女の**ソウメイ**さに感嘆した。（青山学院大）

293 財産を**ゾウヨ**する。（共通テスト）

294 友人の無病**ソクサイ**を願う。（明治大）

295 **ソザツ**な物言いをする。（関西大）

296 列強の**ソシャク**地。（関西大）

巣窟 生活のよりどころとして居住する場所。悪人のすみか。

双肩 両方のかた。責任や義務などを負うものの例え。

相克 対立・矛盾する二つのものが互いに優位に立つため争うこと。

荘厳 重々しく立派なこと、おごそかなことやそのさま。

増築 在来の建物を壊さず、同じ敷地内で建物の床面積をふやす行為のこと。

挿話 本筋の文章や談議などの間にはさむ短いはなし。

聡明 耳がはっきり聞こえること。物事の理解が早く、賢いこと。

贈与 人に金品をおくりあたえること。

息災 （「無病そくさい」の形で）病気などにかからず、健康であること。

粗雑 いいかげんであらっぽいこと。大ざっぱなことやそのさま。⇔精緻（せいち）

租借 特別な合意によって、ある国が他国の領土の一部を一定期間かりること。

□297 裁判の**ソジョウ**を検討する。（法政大）
□298 失敗して意気**ソソウ**する。（法政大）
□299 **ソッキョウ**で作曲する。（関西学院大）
□300 自ら**ソッセン**して正当性を見出そうとする。（中央大）
□301 レンブラントの**ソビョウ**のような風景。（関西学院大）
□302 外国と比べても**ソンショク**がない。（法政大）
*□303 **タイショウ**的な定義を持つ。（大阪大）
□304 ワクチンへの**タイセイ**を備えたウイルス。（東京大）
□305 生命科学で**タイトウ**している考え。（中央大）
□306 外国に長く**タイリュウ**する。（センター）
□307 **タイリン**の花を咲かせる。（センター）

訴状　そしょうを起こすとき、裁判所に提出する書面。
阻喪　（「意気そそう」の形で）意気込みがくじけること。元気を失い、がっかりしているさま。
即興　その場で思いのままに詩や歌などを作ることや生じたきょうみのこと。
率先　人のさきに立って物事をすること。進んで物事を行うこと。
素描　ある物事について、要点を簡単にまとめてかくこと。デッサン。
遜色　他と比べて劣っていること。
対照　他とてらし合わせ比べること。相反する二つの要素が互いに際立つこと。
耐性　環境の変化に適合していく生物の能力。病原菌などが一定の薬物に示す抵抗力。
台頭　目立ち始めること。勢いを増すこと。
滞留　物事が順調に進行せずとまること。旅先にしばらくとどまっていること。
大輪　普通の花より花のおおきさがおおきいこと。
(!)「だいりん」とも読む

□308 **ダキ**すべき行為。（関西大）

□309 **タクエツ**した評価を与えられる美術品。（青山学院大）

□310 神の**タクセン**が下ったようだ。（明治大）

□311 **ダケツ**案を提示する。（センター）

□312 人々の社会への帰属は**タゲン**的である。（一橋大）

□313 地域のための活動に**タズサ**わる。（名古屋大）

□314 話題の講演も竜頭**ダビ**に終わった。（法政大）

□315 怪我人を**タンカ**で運ぶ。（センター）

□316 悲しい知らせを聞いて**タンソク**した。（学習院大）

□317 **ダンチョウ**の思いで決断する。（早稲田大）

□318 **チクイチ**報告する決まり。（センター）

唾棄 つばを吐きすてるほど、非常に軽蔑すること。

卓越 他と比べて、はるかにすぐれていることやそのさま。

託宣 神や仏が夢の中に現れ、人間に意思を告げること。また、そのお告げ。

妥結 利害の対立する二者が互いに譲歩し合って話をまとめ、約束をむすぶこと。≒妥協（だきょう）

多元 物事を成立させる根源・要素がたくさんあること。

携 ある物事に関わること。互いに手を取ること。

蛇尾 （「竜頭だび」の形で）始めは勢いが良く盛んだが、終盤には振るわなくなること。

担架 布などの部分に病人や怪我人を乗せて運ぶ道具。

嘆息 悲しみ、がっかりしてためいきをつくこと。

断腸 はらわたをたち切るほど、非常に辛いこと。

逐一 ひとつひとつ順を追って、残さずすべて取り上げていくこと。

□319 **チスイ**工事を行う。（明治大）
治水 氾濫などのすいがいを防ぎ、河川を改良したり保全したりすること。

□320 煙が立ち込めて**チッソク**しそうだ。（関西大）
窒息 いきが詰まったり、呼吸が阻害されたりすること。

□321 肩の脱臼が**チユ**した。（関西学院大）
治癒 怪我や病気などがなおること。

□322 表現が**チュウショウ**的でわかりにくい。（中央大）
抽象 全体から特定の要素・側面・性質を抜き出して大枠で把握すること。⇔具体（ぐたい）

□323 **チュウヨウ**を得た意見。（中央大）
中庸 どちらにも偏らず、常に変わらないこと。過不足なく調和が取られていること。

*□324 煩悩を**チョウコク**する。（関西学院大）
超克 困難や苦しみを乗りこえ、それに打ちかつこと。

□325 日程を**チョウセイ**する。（センター）
調整 ある基準などに合わせて、過不足などに手を加えながら釣り合いの取れた状態にすること。

□326 記録更新に**チョウセン**する。（立命館大）
挑戦 勝負や困難な物事に立ち向かうこと。

□327 相手の**チョウハツ**に乗る。（関西大）
挑発 相手を刺激して、事件や紛争などの行動を引き起こすように仕向けること。

□328 **チョウメイ**な水が湧いている。（明治大）
澄明 水や空気などがすみ切っていること。

□329 現代の**チョウリュウ**に流される。（関西大）
潮流 世間や時代の動き、傾向。≒時流（じりゅう）

□ 330 品物を棚に**チンレツ**する。（千葉大）

□ 331 他人の意見に**ツイショウ**してばかりいる。（青山学院大）

□ 332 その道にかけては**ツイズイ**を許さない。（中央大）

□ 333 協力と**テイケイ**を通して、改善していく。（中央大）

□ 334 平和条約を**テイケツ**する。（センター）

□ 335 **テイマイ**の面倒を見る。（千葉大）

□ 336 違反者の**テキハツ**に乗り出す。（法政大）

*□ 337 感情を歴史的人物に**トウエイ**する。（一橋大）

□ 338 徐々に**トウカク**を現す。（中央大）

□ 339 役所で不動産を**トウキ**する。（センター）

□ 340 密林や**ドウクツ**に隠れる。（東北大）

陳列 人に見せるために、物を並べておくこと。

追従 お世辞を言って相手の機嫌を取ること。❗「ついじゅう」と読むと「人につきしたがうこと」の意

追随 後についてしたがうこと。他の行為や業績などを真似ること。≒追従（ついじゅう）

提携 お互い助け合うこと。

締結 条約や契約などをむすぶこと。

弟妹 おとうとといもうと。⇔兄姉（けいし）

摘発 悪事などを暴き出して世間に公表すること。

投影 物のかげを地上や水面などに映し出すこと。あるものの存在が他のものに形となって現れること。

頭角 獣などのあたまの部分にあるつの。またあたまの先のこと。

登記 一定の事項を広く社会に公示するため、公の帳簿に載せること。

洞窟 崖や岩などに掘り込まれたほら穴のこと。

341 **トウゲイ**が盛んな地域。（明治大）
陶芸
焼き物を作る技術。

342 機械的方法には**トウテイ**かなわない。（明治大）
到底
どうしても、どうやっても。つまり、しまいには。

343 保護者**ドウハン**が入場条件だ。（早稲田大）
同伴
一緒に連れて行くこと。≒同行（どうこう）

344 **トウフ**屋に立ち寄る。（千葉大）
豆腐
だいず加工食品の一つ。

345 **ドウホウ**を救出する。（法政大）
同胞
おなじはらから生まれた兄弟姉妹。おなじ国土で生まれた者。

346 個人が自らを**トウヤ**する。（立命館大）
陶冶
持って生まれた性質・才能を円満に発達させること。

347 相手のエラーで好機が**トウライ**する。（早稲田大）
到来
時機や機運などがやってくること。

348 アメリカに**トコウ**する。（関西大）
渡航
船や飛行機などで外国へ行くこと。

349 建設の**トジョウ**にある競技場。（関西大）
途上
目的地の場所へ行くとちゅう。事業や計画などが目的に向かって進んでいるとちゅう。

350 表面保護のため、壁を**トソウ**する。（中央大）
塗装
保護やそうしょくのために、材料の表面にペンキやニスなどをぬったり、吹き付けたりすること。

351 学校に行く**トチュウ**で鍵をなくした。（早稲田大）
途中
出発地点から目的地に到着するまでの間。また、開始と終了の間。

□352 新技術の**トッキョ**を申請する。（センター）
特許
出願された新規で有益な発明に対し、法に基づいて独占権を与える行政行為。

□353 彼の命はもう風前の**トモシビ**だ。（早稲田大）
灯火
あかりのこと。

□354 **ドリョウコウ**に使われる単位。（早稲田大）
度量衡
長さと体積と重さ。

□355 **ドレイ**の解放を宣言する。（学習院大）
奴隷
人格を認められず支配者により所有や売買、譲渡の対象とされた者。

□356 計画の段階で**トンザ**する。（北海道大）
頓挫
途中で行き詰まり、くじけること。計画や事業などが途中で駄目になること。

□357 首脳同士の協議が**ナンコウ**している。（法政大）
難航
暴風雨などの障害により、船が進まないこと。障害が多く、物事が進まないこと。

＊□358 社会の矛盾を**ニョジツ**に示す。（明治大）
如実
げんじつのままであること。間違いなくその通りであること。

□359 **ニンタイ**強く苦難の時を過ごす。（大阪大）
忍耐
困難などをたえしのぶこと。こらえること。≒我慢（がまん）

□360 **ヌ**い物をして時間をつぶす。（千葉大）
縫
糸を通した針で布地などをつなぎ合わせること。

□361 日本は**ネンコウ**序列の社会だ。（早稲田大）
年功
（「ねんこう序列」の形で）勤続ねんすうやねんれいが増えるに従って地位や賃金が上がる体系。

□362 **ネンド**は陶器の原料になる。（法政大）
粘土
ねばり気のあるつち。

□363 どのように運営するかを**ネントウ**に置く。（関西大）
□364 白黒の**ノウタン**だけで絵を描く。（明治大）
□365 偉人を数多く**ハイシュツ**している。（明治大）
□366 他者に**ハイリョ**して行動する。（名古屋大）
□367 今日の彼は**ハキ**に欠ける。（早稲田大）
*□368 新政策の影響が**ハキュウ**する。（関西学院大）
□369 **ハクアイ**の精神を持つ。（明治大）
□370 人間関係の中で**ハグク**まれる。（学習院大）
*□371 彼は**ハクシキ**でなんでも知っている。（センター）
□372 温かい**ハクシュ**で迎えられる。（明治大）
□373 **ハクヒョウ**を踏む思い。（関西学院大）

念頭　胸の内や、考えの内を指す。
濃淡　色彩や明暗、味などがこいことと薄いこと。
輩出　すぐれた人物が続々と世にでること。
配慮　あれこれと心をくばること。心遣いやしんぱい。
覇気　積極的に物事に取り組もうとする強い意志・野心・野望。
波及　物事の影響のおよぶ範囲が、なみのようにだんだんと広がること。
博愛　広く、平等にあいすること。
育　成長・発展するように、養いそだてること。
博識　広い分野にわたって、多くの物事を知っていることやそのさま。
拍手　りょうてのひらを打ち合わせて音を出すこと。賞賛や賛成などの意思を表して、てを叩くこと。
薄氷　うすく張ったこおり。

374 悪事をするとバチが当たる。（青山学院大）

375 政党がハバツごとに分裂する。（早稲田大）

376 首相の発言からハモンが広がった。（学習院大）

377 交友ハンイが広い。（関西大）

378 一知ハンカイであることをごまかす。（関西学院大）

379 雑草がハンモする。（早稲田大）

380 この技術にヒケンするものはない。（立命館大）

381 ヒサンな結末を迎える。（中央大）

*382 経歴が前任者にヒッテキする。（九州大）

383 心にヒビく歌声。（名古屋大）

384 脇腹のヒフに直接塗り込む。（中央大）

罰　罪や過ちといった悪い行いに対するこらしめ、仕置き。

派閥　出身や縁故、利害、政治的意見などで結び付いた人々のつながり。

波紋　物が水面に落ちたとき、幾重にも輪を描いて広がるなみの模様。次々と周囲に動揺を与えるような影響。

範囲　ある一定の決まった広がりや区域。≒範疇（はんちゅう）

半解　（「一知はんかい」の形で）物事を少しかじっているだけで、十分にはわかっていないこと。

繁茂　草や木などが盛んに生いしげること。

比肩　同等であること。≒匹敵（ひってき）

悲惨　見聞きに耐えられないほどかなしく、いたましいことやそのさま。≒凄惨（せいさん）

匹敵　能力などが同程度であること。肩を並べること。≒比肩（ひけん）

響　音や振動が伝わること。世間や心の中に通じること。

皮膚　生体を覆って保護している組織。

385 類まれな**ビボウ**を持つ人。（関西学院大）
386 **ビョウショウ**で最期のたのみごとをする。（関西学院大）
387 **ヒンシ**の重傷を負う。（明治大）
388 社会の**フウキ**を乱す。（明治大）
389 **フオン**な雰囲気。（立教大）
390 牽強**フカイ**の説。（関西学院大）
391 細胞の**フカツ**再生作用。（大阪大）
*392 **フクザツ**な手続きに追われる。（関西学院大）
393 **フクジュウ**を強いられる。（センター）
394 面接での**フクソウ**に気遣う。（センター）
395 貿易赤字が**フク**らむ。（学習院大）

美貌 うつくしく、きれいな顔かたち。

病床 びょうにんの寝る場所。入院患者用ベッドのこと。

瀕死 しにそうであること。最期が差し迫っていること。

風紀 社会生活の秩序を保つための決まり。

不穏 おだやかでないこと。物事や世の中の状態が不安定なことやそのさま。

付［附］会 （「牽強ふかい」の形で）道理に合わないことに対し、自分の都合の良いように無理やり理屈をこじつけること。

賦活 生気を与え、機能や作用を盛んにすること。

複雑 物事の事情や関係などが入り組んでいること。込み入っていて簡単に理解や説明ができないこと。⇔単純（たんじゅん）

服従 他者の意志や命令を聞き、その通りに動くこと。

服装 衣類をはじめとした身に着けるもの。また、それらを着けたときの様子や身なりのこと。

膨 物が内からの力で丸みを持ち、ふくれて大きくなること。考えや希望などが広がって大きくなること。

- 396 * 組織の再建に**フシン**する。（中央大）
- 397 * **フシン**者の情報を求める。（中央大）
- 398 * 新戦略への**フセキ**を打つ。（関西大）
- 399 国立大学の**フゾク**高校。（早稲田大）
- 400 身も**フタ**もない話。（東京大）
- 401 **ブッコ**した親戚を追悼する。（中央大）
- 402 食材が**フッテイ**する。（明治大）
- 403 彼の行いには**ヘイコウ**する。（関西大）
- 404 その言い回しに**ヘキエキ**する。（立命館大）
- 405 **ヘンキョウ**の地を旅する。（明治大）
- 406 **ベンベツ**可能な連続性。（立教大）

腐心 ある問題や仕事に苦しむこと。こころを悩ますこと。

不審 疑わしいと思うことやそのさま。悪事などの疑いを受けること。

布石 （「ふせきを打つ」の形で）将来に備えてあらかじめ手配りをしておくこと。

付［附］属 主たるものにつき従っていること。

蓋 （「身もふたもない」の形で）露骨すぎて含みも蓄えも全くないこと。

物故 人が死ぬこと。≒死去（しきょ）

払底 物がすっかりなくなり、乏しくなるさま。

閉口 どうしようもなくて困ること。

辟易 うんざりして嫌気が差すこと。相手の勢いに圧倒され、たじろぐこと。

辺境 中央から遠く離れた地帯や国ざかい。

弁別 物事の違いを明確に見分けること。≒識別（しきべつ）

*□407 社会が**ヘンヨウ**した過程を究明する。（中央大）
□408 国際法に違反する**ボウキョ**。（法政大）
□409 **ボウキョウ**の思い。（関西学院大）
□410 **ボウケン**から命からがら生還する。（関西学院大）
□411 煎餅が焼けて**ホウコウ**が漂う。（九州大）
□412 雑務に**ボウサツ**される。（中央大）
□413 出来事を針小**ボウダイ**に話す。（センター）
□414 朝令**ボカイ**な指示。（関西学院大）
□415 農耕と**ボクチク**の歴史。（センター）
□416 覚醒剤の**ボクメツ**を目指す。（学習院大）
□417 生命**ホケン**の契約をする。（関西大）

変容　姿や形、状態や中身などがかわったり、かえたりすること。
暴挙　荒々しい振る舞い。また、不法・無謀な行いのこと。
望郷　ふるさとを懐かしく思いやること。
冒険　きけんをおかしてまで行うこと。成否が確かでないことを、あえてやってみること。
芳香　かぐわしいかおり、良いかおり。
忙殺　非常にいそがしく、仕事などに追われること。
棒大　(「針小ぼうだい」の形で)小さな事柄をおおげさに言い立てることやそのさま。
暮改　(「朝令ぼかい」の形で)朝に出した命令をその日の夕方にはもうあらためること。方針などが常に変わって安定しないこと。
牧畜　衣食の原料のために牛・馬・羊などのかちくを飼い慣らして繁殖させること。
撲滅　完全に打ち消すこと。ほろぼすこと。
≒根絶(こんぜつ)
保険　死亡や事故などの可能性に備えて掛け金を出し、それらが発生した場合に一定金額が給付される制度。

□418 主任を**ホサ**する立場。（関西大）

□419 道路を**ホソウ**する。（関西大）

□420 爪にネイル・アートを**ホドコ**す。（法政大）

□421 犯人をその場で**ホバク**する。（青山学院大）

□422 専門分野で**ホンリョウ**を発揮する。（関西学院大）

□423 原油の**マイゾウ**量を調査する。（法政大）

□424 樹皮の色に**マギ**れる。（東北大）

*□425 無為**ムサク**で惨敗を喫する。（明治大）

□426 **ムジャキ**にはしゃぐ子どもたち。（学習院大）

□427 ウイスキーの**メイガラ**。（関西大）

□428 ベテランの面目**ヤクジョ**たる演技。（学習院大）

補佐 人を助けたり、付き添ったりしてその務めを果たさせること。

舗装 路面の耐久性を増すために、表面をアスファルトやレンガなどで敷き固めて仕上げること。

施 飾りのために何かを付け加えること。恵まれない人に物質的援助をすること。

捕縛 対象をとらえ、しばること。

本領 その人がほんらい備えているすぐれた才能や特性のこと。

埋蔵 地中などにうめたり、うもれたりして隠れていること。

紛 まわりのよく似たものと入り混じって区別がつかなくなること。

無策 （「無為むさく」の形で）たいさくや計画などを立てず、自然のままに任せること。

無邪気 素直で悪意のない性格であること。偽りなどがないこと。

銘柄 商品の特質などを表すために付けられた、広く認められている名称のこと。ブランド。

躍如 （「面目やくじょ」の形で）得意な分野において期待や評判通りの実力が十分に発揮され、目を引くさま。

429 **ヤッキ**になって否定する。（立教大）
躍起
焦ったり熱中したりしてむきになることやそのさま。

*430 **ヤバン**な慣習を廃止する。（関西大）
野蛮
文化が開けていないことや教養がないこと。

*431 **ヤボ**ったい身なり。（法政大）
野暮
世態・人情の機微に通じず、気や融通が利かないこと。⇔醜悪(しゅうあく)

432 物価上昇の**ユウイン**を探る。（青山学院大）
誘因
ある作用や物事を引き起こす源。

433 **ユウカン**階級への経済的寄生。（九州大）
有閑
生活に余裕があり、暇であること。

434 自然の**ユウキュウ**の時間。（早稲田大）
悠久
遠い過去から未来まで、果てしなく長く続くこと。

435 **ユウゲン**味のある陰影の世界。（千葉大）
幽玄
物事の趣が奥深く、計り知れないこと。

*436 **ユウゼン**とかまえる老人。（九州大）
悠然
物事に動じず、落ち着いているさま。ゆっくりとしたさま。⇔泰然(たいぜん)

*437 伝統的システムから**ユウリ**する。（中央大）
遊離
他からはなれて存在すること。引きはなされていること。

438 世界の**ヨウソウ**が一変する。（中央大）
様相
ありさまや状態、姿。事物などの在り方を表す概念。

439 道具の**ヨウト**を間違えている。（法政大）
用途
物や金銭などの使い道のこと。

440 彼は**ヨウボウ**魁偉《かいい》で武勇にすぐれる。（法政大）

441 生殺**ヨダツ**の権利を握る支配者。（中央大）

442 方向を決めるための**ラシンバン**。（東京大）

443 企業として**リジュン**を追い求める。（関西大）

444 これまでの路線から**リダツ**する。（関西大）

*445 **リフジン**な要求を受ける。（センター）

446 計画の実行を**リュウホ**する。（早稲田大）

447 研究の**リョウイキ**を広げる。（関西学院大）

448 **リンキ**応変に対応する。（青山学院大）

449 式典に**リンジョウ**する。（立教大）

450 煙突が**リンリツ**している。（早稲田大）

容貌

（「ようぼう魁偉」の形で）体つき・かお立ちなどが人並外れて大きく立派であるさま。

与奪

（「生殺よだつ」の形で）生かすことと殺すこと、あたえることとうばうこと。他人を支配して思いのままであること。

羅針盤

磁石の特性を利用して進路や方位を測る器械。船舶や航空機などにおいて使われる。

利潤

売上高からその売り上げにかかった全費用を差し引いた残りの金額のこと。

離脱

ある状態や組織などから、抜け出したりはなれて去ったりすること。

理不尽

筋が通っておらず、物事の正しい筋道に合わないこと。

留保

すぐその場で決定したり行ったりせず、一時そのままに差し控えること。

領域

ある力や作用、物事や人などが関わりを持ったり、その影響が及んだりする範囲のこと。

臨機

（「りんき応変」の形で）その時や場の変化に応じて、型にとらわれず適切な手段を取ること。

臨場

風景を目の前にすること。そこへ出掛けていくこと。
≒出席（しゅっせき）

林立

はやしのように、背の高いものがいくつも並びたつこと。

451 諸費用を**ルイケイ**する。（中央大）

452 二つの品物は**ルイジ**している。（広島大）

453 情勢は**ルイラン**の危うきにある。（法政大）

454 征服者に**レイゾク**させられる。（名古屋大）

*455 恋人に**レイタン**に扱われた。（関西大）

456 **ロウキュウ**化した建物を取り壊す。（法政大）

457 大軍に攻め入られて**ロウジョウ**する。（北海道大）

458 策を**ロウ**しても無駄だ。（中央大）

459 **ロウホウ**が舞い込んだ。（中央大）

460 相手の主張を**ロンパ**する。（早稲田大）

461 問題を**ワイショウ**化して考える。（明治大）

累計 部分ごとのごうけいを順次加算し、算出された総量のこと。

類似 共通点が多く、非常に近しいこと。⇔相違（そうい）

累卵 積み上げられたたまごのように、極めて不安定で危険な状態。

隷属 他の支配下にあり、その言いなりになること。

冷淡 物事に興味や関心を示さず、熱心でないこと。また、同情や親切心に欠け、思いやりがないこと。

老朽 古くなって役に立たなくなってしまうこと。

籠城 敵に囲まれ、しろや砦に立てこもって守ること。

弄 （「策をろうする」の形で）不必要な、もしくは不純な策を好んで必要以上に用いること。

朗報 喜ばしい知らせ。

論破 ぎろんの中で正しい根拠やまさった説などを用いて相手を言い負かすこと。

矮小 丈が低く形のちいさいこと。いかにも規模のちいさいさま。

COLUMN 01

漢字を覚えるコツ

漢字を覚えるため、丸暗記を試みる人や、ただがむしゃらに問題集を解いてみる人は少なくないと思います。しかし、それで漢字が頭に入るのか、実際に役立てられるのかというと答えは「否」でしょう。

それでは、どのようにすれば漢字を覚えられるのでしょうか。その秘訣は、十分な「インプット」と「アウトプット」にあります。ここでのインプットとは、様々な文章を深く読み、漢字が実際にどのように使われているか学ぶこと、アウトプットとは、問題集などで演習を行うことと言えます。本書で学習することも、アウトプットだと言えますね。

インプットは「漢字を丸暗記すること」と誤解されるかもしれません。しかし、漢字にはそれぞれ意味があり、使われる文脈が存在しています。したがって、実際の文章の中で「どのように漢字が使われているか」に目を向けず、字面や読みだけを無理やり丸暗記しても、実際の文章や問題に応用できず、無用の長物となってしまいます。

また、インプット・アウトプットのどちらかに偏ってしまうことも大変危険です。インプットだけに偏ると、自分がどれだけ漢字を覚えているか確認する機会がなく、実際に問題を目にしたときに解けない、ということが起こりえます。一方で、アウトプットだけに偏ると、実際の文章中で使われている漢字に触れる機会や、新たな漢字の読み書きを学び得る機会がほとんどないわけですから、当然解ける量は増えません。漢字が使われている場面に多く触れ、演習を多くこなすことによって、初めて漢字は自分のものとなるのです。

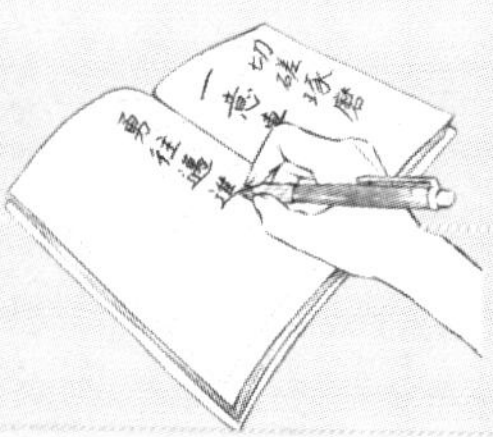

第2章

読み問題

読みの対策では、まず基本的な音読み・訓読みを確認しましょう。書き取りと同様に、その漢字が使われている文脈や意味も合わせて覚えることが大切です。

また、大学入試の読み問題では「常用漢字」だけでなく、「表外字（常用漢字表に入っていない漢字）」も問われることがあります。見覚えのない漢字があったら、その字を辞書などで確認する習慣をつけるとよいでしょう。

第1節

最頻出の読み

★★★

No.	問題	出典	正解	意味
*1	政治家の発言が物議を**醸**す。	（学習院大）	かも（す）	（「物議を醸す」の形で）世間の議論を引き起こすこと。
2	雪に**覆**われた崖。	（千葉大）	おお（われた）	あるものが一面に広がり、のしかかって包み隠すこと。あちこちまで行きわたるさま。
3	進んで戦場へ**赴**く。	（明治大）	おもむ（く）	ある場所や方角に向かって行くこと。物事がある方向や状態に向かうこと。
4	兵士の死を**悼**む式典が行われた。	（学習院大）	いた（む）	人の死を悲しみ、嘆くこと。
5	本源に**遡**って考える。	（明治大）	さかのぼ（って）	流れと逆の方向に進むこと。物事の過去や根本に立ち返ること。
*6	笑いで緊張感が**弛緩**する。	（関西学院大）	しかん	緩むことや弛むこと。⇔緊張（きんちょう）
7	言葉の内実を今少し**敷衍**する。	（関西学院大）	ふえん	広げること。言い換えや具体例によってわかりやすく説明すること。
8	罪を**贖**う。	（明治大）	あがな（う）	代償としてものを出し、罪の償いをすること。×つぐな(う)
9	**永劫**に続いていくもの。	（明治大）	えいごう	未来にわたる、限りなく長い年月や時間のこと。
10	薬物依存に**陥**る。	（関西学院大）	おちい（る）	望ましくない状態になること。

□11 **夥**しい数の写真を集める。（立教大）

おびただ(しい)

数や量が甚だしく多いこと。また、非常に盛んであること。

□12 **外套**に加工するための毛皮。（立命館大）

がいとう

防寒などのために衣服の上に着るマントやコートのこと。

□13 反対の立場に**与**する。（立命館大）

くみ(する)

同意して仲間になること。加勢すること。×よ(する)

*□14 勝ち負けに**拘泥**する。（明治大）

こうでい

あることを必要以上に気にとめ、とらわれて融通が利かなくなること。

□15 大臣を**更迭**する。（東北大）

こうてつ

ある地位や役目に置かれた人など、物事が新たに入れ替わること。×こうそう

□16 工夫を**凝**らした節約術を教える。（学習院大）

こ(らした)

夢中になって取り組むこと。また、細かいところまで気を配ること。

*□17 教授の批判は**辛辣**である。（立命館大）

しんらつ

他に与える言葉や批評がとても手厳しい様子。

*□18 いくつかの意見の間で**齟齬**が生じている。（立教大）

そご

物事が行き違ったり食い違ったりすること。また、それにより物事が思う通りに進まないこと。

*□19 覚悟を決めて敵と**対峙**した。（明治大）

たいじ

向かい合って立つこと。双方にらみ合ったまま動かないこと。

□20 二十年かけて**培**ってきた知識。（東北大）

つちか(って)

能力や性質をしっかりと養い、育てること。根元に土をかけて植物を育てること。

*□21 長年の計画が**破綻**する。（センター）

はたん

物事が成り立たなくなること。綻び、破れること。×はじょう、はてい

＊□22 邪悪な考えが**跋扈**している。（大阪大）

ばっこ

思いのままに振る舞うこと。≒横行（おうこう）

＊□23 不安を完全に**払拭**することは困難だ。（早稲田大）

ふっしょく

すっかり取り除くこと。拭い去ること。

□24 あまりの出来事に**呆然**とする。（名古屋大）

ぼうぜん

意外な出来事にあい、あっけにとられているさま。×ほうぜん

□25 親が**膨大**な教育費を掛ける。（千葉大）

ぼうだい

まとめきれないほど多量なこと。物事の数や量が膨れて大きくなること。

□26 神は私たちに恩恵を**施**す。（明治大）

ほどこ(す)

恵まれない人に物質的援助をすること。飾りのために何かを付け加えること。

＊□27 極度に誇張したり、**歪曲**したりする。（早稲田大）

わいきょく

物や事実を意図的にゆがめること。

□28 自分を**矮小**な存在と卑下する。（明治大）

わいしょう

丈が低く形の小さいこと。いかにも規模の小さいさま。

□29 リーダーとしての**力量**が問われる。（法政大）

りきりょう

物事を成し遂げる力の程度。また、それが大きく、すぐれているさま。

□30 長い間後ろめたさに**苛**まれる。（関西学院大）

さいな(まれる)

厳しく責められたり、苦しめられたりすること。

＊□31 首相を**揶揄**する発言。（名古屋大）

やゆ

からかうこと。

＊□32 様々な**軋轢**が生じる。（明治大）

あつれき

仲が悪くなること。摩擦や葛藤が生じること。

＊33 困難に立ち向かい、精神を**陶冶**する。（立命館大）

34 人手が足りず、計画が**頓挫**した。（北海道大）

＊35 将来についての期待と**懸念**。（青山学院大）

36 生命の**充溢**を感じる。（立命館大）

37 人間は言葉を複雑に**操**る生き物だ。（名古屋大）

＊38 読書に**慰藉**と励ましを求める。（明治大）

39 様々な装飾に**彩**られる。（立命館大）

40 **怯**むことなく活動を続ける。（明治大）

41 会長に逆らう者は**皆無**であった。（学習院大）

42 矛盾を**孕**んだ論理。（関西学院大）

43 巧みな弁舌に**絡**みとられる。（関西学院大）

---

33 とうや　持って生まれた性質・才能を円満に発達させること。

34 とんざ　途中で行き詰まり、くじけること。計画や事業などが途中で駄目になること。

35 けねん　気にかかって不安がること。心配すること。

36 じゅういつ　いっぱいになって満ちあふれること。×じゅうあい

37 あやつ(る)　巧みに使いこなし、動かすこと。他人を使って自分の思う通りにさせること。

38 いしゃ　苦しみに対して同情し、なぐさめ、いたわること。×いせき

39 いろど(られる)　ものに色をつけること。様々な色や物を取り合わせて飾ること。

40 ひる(む)　恐れて身がすくみ、気後れすること。手足が麻痺すること。

41 かいむ　経験や存在などが全くないこと。≒絶無(ぜつむ)

42 はら(んだ)　内外に含んで持つこと。胎内に子が宿ること。

43 から(み)　他の物事が密接に結び付くこと。しっかりと巻き付くこと。

*□44 両者の主張が拮抗している。（名古屋大）
□45 初詣でのご利益を期待する。（千葉大）
*□46 道に迷って山中を彷徨した。（明治大）
*□47 形而上学的な試み。（関西学院大）
□48 悪癖を矯めることは難しい。（学習院大）
□49 一つの時代が終焉する。（法政大）
□50 山の麓で清らかな水が湧いている。（千葉大）
□51 複雑で禍々しい姿。（青山学院大）
*□52 この部屋は和洋折衷に造られている。（中央大）
□53 雨水は岩をも穿つ。（早稲田大）
□54 会議で発言するように促す。（名古屋大）

きっこう
ほぼ同等のもの同士が互いに張り合った結果、優劣がつかないこと。

（ご）りやく
（「ご利益」の形で）仏・菩薩などがそれを信じるすべての生き物に恵みを与えることやその恵み。×（ご）りえき

ほうこう
あてもなく歩き回ること。さまよって、うろついているさま。

けいじじょう
形がなく、感覚で存在を認識できない、超自然的・理念的なもの。⇔形而下（けいじか）

た（める）
変形したものの形を整えること。また、悪い癖や習慣などを改めること。

しゅうえん
（比喩の形で）物事の終わりを表す。生命が終わること。

わ（いて）
一斉に物が噴き出ること。出来事や感情が生じた際にも使われる。

まがまが（しい）
悪いことが起こりそうな、不吉な感じ。好ましくないことやそのさま。

せっちゅう
（「和洋折衷」の形で）日本風と西洋風とを程よく取り合わせること。

うが（つ）
押し分けて進み貫くこと。また、穴を開けたり掘ったりすること。

うなが（す）
物事を早くするようにせきたてること。ある行為をするように仕向けること。

55 人を**貶**めるような言い方。（明治大）

*56 身近な言葉によって**表象**する。（千葉大）

57 形而上学的議論はひとまず**措**く。（名古屋大）

58 社会の**安寧**は警察だけでは守れない。（関西学院大）

59 悪事が世間に**曝**される。（関西学院大）

60 作家が**紡**ぎ出す珠玉の短編。（青山学院大）

*61 クラシック音楽に**造詣**が深い。（学習院大）

62 全身が、がんに**蝕**まれる。（法政大）

*63 **怪訝**な面持ちをしていた。（立教大）

64 事の善悪を**弁**える。（大阪大）

65 口惜しさが心の中で**疼**いている。（明治大）

---

55 おとし（める）
自分より劣ったものとして軽蔑すること。また、他を下落させること。

56 ひょうしょう
知覚的に認識したものから頭に思い浮かべるもの。考えなどを形に表すこと。≒象徴（しょうちょう）

57 お（く）
やめること。除いて差し置くこと。

58 あんねい
穏やかに収まり、無事で安らかなこと。≒安泰（あんたい）

59 さら（される）
表に出して、広く人の目に触れるようにすること。日光に当てておくこと。

60 つむ（ぎ）
綿や繭《まゆ》の繊維を引き出し、糸にすること。言葉をつなげて文章を作ること。

61 ぞうけい
学問や技芸への深い知識や理解のこと。また、すぐれた技量を持っていること。×ぞうし

62 むしば（まれる）
病気や悪習などが、体や心を徐々に侵食すること。

63 けげん
不思議で納得がいかない様子。怪しんで変に思うこと。

64 わきま（える）
物事の道理を十分に知り、違いをきちんと見分けること。

65 うず（いて）
傷口の脈打つような痛みや、心に強い痛みを感じること。

□66 ルールを**遵守**する。（明治大）
じゅんしゅ
決まり・道徳・法律などにしっかりと従うこと。⇔違反（いはん）

*□67 このデータの分析は**恣意**的である。（一橋大）
しい
自分の思うがままに振る舞う心。気ままな考えや思いつき。≒勝手（かって）

□68 **静謐**なひとときを過ごす。（千葉大）
せいひつ
静かで安らかなこと。世の中が穏やかに治まること。

□69 話し方が**柔和**である。（関西学院大）
にゅうわ
性質・態度などが、ものやわらかで、優しいこと。×じゅうわ

*□70 誤った認識が**流布**している。（千葉大）
るふ
世の中に広く知れわたること。×りゅうふ

□71 心の**狭隘**さにあきれる。（立教大）
きょうあい
面積などが狭いこと。度量が小さいこと。≒偏狭（へんきょう） ×きょういつ

□72 国を**統**べ治める。（明治大）
す（べ）
個々のものを一つにまとめて支配すること。

□73 男は**頻**りに歩き回った。（明治大）
しき（りに）
同じことが何度も繰り返し起きること。また、その回数が多いさま。

□74 突然**出奔**したまま行方がわからない。（立命館大）
しゅっぽん
逃げて行方をくらますこと。

□75 名もない**雑兵**にも意地がある。（立教大）
ぞうひょう
身分の低い兵士・歩卒。取るに足りない者。×ぞうへい

*□76 読書に**耽溺**する。（明治大）
たんでき
一つのことにふけり、他を顧みないこと。

77 重い**疾病**にかかる。（明治大）
しっぺい
身体の諸機能の障害による病や、健康でない状態。×しつびょう

*78 労働市場の状況に**通暁**している。（明治大）
つうぎょう
ある物事について詳しく知り、悟ること。

79 慣例に**倣**って方式を改めた。（青山学院大）
なら(って)
すでにあるやり方・例に従って同じようにすること。

80 **虐**げてもよい人など存在しない。（学習院大）
しいた(げて)
ひどい扱いをして、苦しめること。

81 鮭が**遡上**する川。（学習院大）
そじょう
流れの方向と逆の方へのぼっていくこと。

82 **貴賤**を問わず歓迎する。（大阪大）
きせん
身分や金額が高いことと低いこと。

83 旧時代の**残滓**として残されている。（立教大）
ざんし
残りかす。×ざんさい

84 好転する**兆**しが見えてきた。（明治大）
きざ(し)
物事が起ころうとする気配。前触れのこと。
≒萌芽(ほうが)

85 身動きがとれず、**閉塞**感が強まる。（関西学院大）
へいそく
通路や出入り口が塞がること。先行きが見えない状態であること。

86 江戸時代では、**稀**なことであった。（千葉大）
まれ
めったにないさま。数少なくて珍しいさま。

*87 人権が**蹂躙**される。（関西学院大）
じゅうりん
踏みにじること。暴力・強権を利用して他を侵害すること。

□88 呉服屋で珍しい**生地**を買った。（学習院大）

□89 **熾烈**な戦いを繰り広げる。（立教大）

＊□90 研究データを**捏造**し、学会から追放される。（立教大）

□91 安い見物料で**一夕**を楽しむ。（立教大）

□92 美しい**姿態**に魅せられる。（中央大）

＊□93 絵画から**示唆**される当時の情勢。（関西学院大）

□94 長期の**苦役**を課せられた。（関西学院大）

□95 **暫定**的な認定。（立教大）

□96 **一途**な願望を抱く。（上智大）

□97 **行灯**に火をともす。（千葉大）

□98 自分の言動は**迂闊**だったという他ない。（立命館大）

きじ
加工する材料となるもの。手を加えていないもともとの性質。

しれつ
勢いが激しく盛んであることやそのさま。

ねつぞう
事実でないことを、事実であるかのように作り上げること。

いっせき
一晩、一晩中。ある夜。

したい
体の外形や動いているときの人の姿・雰囲気のこと。

しさ
それとなく知らせること。暗に相手を唆すこと。≒暗示（あんじ）⇔明示（めいじ）

くえき
つらい労働。また、刑務所での労働が強制される自由刑のこと。×くやく

ざんてい
正式に決まるまで、仮に決めておくことやその状態のこと。

いちず
他を顧みず、一つのことばかりを追い求め打ち込むさま。

あんどん
木などで作った枠に紙を張り、中に油皿を入れて火をつける昔の照明用具。

うかつ
注意が足りずに、心の行き届かないこと。うっかりしているさま。

* 99 問題が解決して**安堵**する。（関西学院大）

100 他人の意見に**翻弄**される。（千葉大）

101 背が高い人は**羨**ましい。（関西学院大）

102 優しさが**滲**み出ている。（大阪大）

103 彼は世事に**疎**い。（明治大）

104 仕返しのための計画が**目論**まれている。（立命館大）

105 友人宛の手紙を**認**めた。（明治大）

106 議長を**否応**なしに引き受けさせられる。（関西学院大）

107 確認する**方途**が妨げられる。（中央大）

108 証拠のない主張を**嘲**る。（明治大）

* 109 相手チームの手段は**狡猾**だ。（明治大）

---

99 あんど
安心すること。落ち着いて住めること。また、その場所。⇔危惧（きぐ）

100 ほんろう
思うがままにもてあそぶこと。

101 うらや（ましい）
他が自分より恵まれているように見えて、そうありたいと思う気持ち。

102 にじ（み）
液体が染み広がること。内から表面に湧き出ること。

103 うと（い）
親しくないこと。ある物事に詳しくないこと。

104 もくろ（まれて）
物事を行う方法について考えをめぐらし、企てること。

105 したた（めた）
書き記すこと。

106 いやおう
拒むことと容認すること。

107 ほうと
進むべき道。物事を実現させたり解決したりするための手段。

108 あざけ（る）
他人の失敗や不幸などをばかにして、悪く言ったり笑ったりすること。

109 こうかつ
ずる賢いさま。自分の得だけのためにさりげなくずるをするさま。

第2節

頻出の読み ★★

*1 **寓意**的な表現を用いて説明する。（関西学院大）

2 発表直前に見つかった欠陥を**糊塗**する。（関西学院大）

3 神を**祀**る儀式。（立教大）

4 強大な相手に**屈服**する。（名古屋大）

5 過ぎ去った出来事を**悔**やむ。（名古屋大）

*6 環境に**馴染**めない。（千葉大）

7 申請を**許諾**する。（千葉大）

8 **悲哀**を感じない人。（名古屋大）

*9 **桎梏**から自由になる。（千葉大）

10 この問題に関して、**甚**だ疑問に思う。（早稲田大）

正解	意味
1 ぐうい	直接説明することが難しい物事の意味を、別の物事を利用して表すこと。
2 こと	一時しのぎにごまかすこと。また、その場を何とか取り繕っておくこと。×のりと
3 まつ(る)	神仏や神霊などを慰めること。神として祈り、あがめること。
4 くっぷく	相手の強さや勢いに対し、負けたり力尽きたりして服従すること。
5 く(やむ)	やり直したい出来事を残念に思うこと。≒唇を噛む（くちびるをかむ）
6 なじ(め)	慣れ親しむこと。慣れて、調和すること。
7 きょだく	相手の希望、願いなどを聞き入れることや受け入れること。⇔拒絶（きょぜつ）
8 ひあい	もの悲しくあわれなことやそのさま。⇔歓喜（かんき）
9 しっこく	手かせ、足かせ。自由を束縛するものやされた様子のこと。
10 はなは(だ)	普通の程度を超えているさま。非常に、大変、ひどく。

*□11 頭脳**明晰**な子どもに育つ。（法政大）
めいせき
明らかで、はっきりしていてわかりやすいことやそのさま。

□12 市場の新しいスタイルを**牽引**する。（名古屋大）
けんいん
大きな力で引っ張ったり、引き寄せたりすること。

□13 薬品の**組成**について説明する。（中央大）
そせい
複数の要素や成分によって一つのものが組み立てられていること。またはその構成自体。

□14 忘れ物を思い出したので、**踵**を返す。（立命館大）
きびす
かかと。（「踵を返す」の形で）引き返すこと。後戻りすること。

□15 人を**蔑**むような発言は慎むべきだ。（立命館大）
さげす（む）
他人の各種能力や人格などが自分よりも劣るもの、価値の低いものと見なして見下すこと。

□16 **使途**不明の金。（関西学院大）
しと
金銭や物品などの使い道のこと。

□17 火炎で焼け落ちた**残骸**。（関西学院大）
ざんがい
捨て置かれた死体や、原形をとどめないほどに破壊されたものの破片を指す。

□18 消費者の**嗜好**を分析する。（青山学院大）
しこう
生活の潤いや豊かさを得るために、好んで楽しむことやもの。

□19 海岸で波と**戯**れる。（名古屋大）
たわむ（れる）
ふざけた態度を取ること。

□20 個人情報が**漏洩**する。（関西学院大）
ろうえい
液体や光などが隙間からもれること。秘密事項が他へ伝わってしまうこと。

□21 神の力を**畏**れる。（関西学院大）
おそ（れる）
近づきがたいものとして敬い、畏敬すること。

22 必死になって許しを**請**う。（関西学院大）
こ（う）
他人に願い望むこと。神仏に祈ること。

23 **一挙**に解決する。（千葉大）
いっきょ
一度に行うこと。または鳥が飛ぶこと。物事が迅速に進むこと。

24 **荘重**な彫刻作品に感動する。（立教大）
そうちょう
厳かで重々しく、品位があることやそのさま。×そうじゅう

25 この植物は**解毒**治療に使われる。（関西学院大）
げどく
生体に有害な物質を無害なものにしたり、作用の少ないものにしたりすること。×かいどく

26 畑の**一隅**にある小屋。（関西学院大）
いちぐう
片隅。または、ある一つの方面や部分、考えや見解のこと。

27 **福音**をもたらす。（立教大）
ふくいん
喜ばしい知らせ。イエス・キリストの説いた救いの教えのこと。×ふくおん

28 人々に対して**憤**る。（大阪大）
いきどお（る）
激しく腹を立て、憤慨すること。

29 親の**庇護**の中で安堵する。（関西学院大）
ひご
かばったり、いたわったりして守ること。

30 死者を**弔**う。（千葉大）
とむら（う）
死者の死を悼み、その遺族にお悔やみを述べること。葬式を行うこと。

31 **大仰**に肩をすくめる。（立命館大）
おおぎょう
物事の規模や人の気持ちが大きいさま。大げさであること。×たいぎょう

32 奨学金を**貸与**する。（立命館大）
たいよ
返すことを条件として、お金や物を渡して使用を許すこと。⇔借用（しゃくよう）

□33 枕元に佇む白い影。（明治大）
たたず(む)
しばらくその場を離れずにじっと立ち止まること。

□34 全国各地を遊説する。（明治大）
ゆうぜい
政治家などが、意見や主張を説いて各地を回ること。×ゆうぜつ

□35 資源が乏しい。（千葉大）
とぼ(しい)
足りないこと、少ないこと。または貧しいさま。

□36 海上自衛隊の艦艇。（関西学院大）
かんてい
大小を問わず、軍事的目的を持った船舶の総称。

□37 釈明の余地がない。（関西学院大）
しゃくめい
自分の事情を、誤解や非難を解くように話し、理解を求めること。

□38 自分の無知を恥辱と感じる。（立教大）
ちじょく
恥。世間に対する体裁や名誉を傷つけること。≒羞辱(しゅうじょく)

□39 後々にまで喧伝される。（立命館大）
けんでん
盛んに言いふらし、世間に広めること。

□40 要請を婉曲に断る。（関西学院大）
えんきょく
表現の仕方が遠回しなさま。露骨になるのを避ける表現のこと。×わんきょく

□41 知識や思想の伝播。（立教大）
でんぱ
伝わって広まっていくこと。広範囲に伝わること。×でんぱん

*□42 稀有な例といえる。（関西学院大）
けう
めったになく、珍しいこと。

□43 戦争の惨禍に見まわれる。（明治大）
さんか
戦争や災害などによって起こる、目を向けられないほどの痛ましい不幸。

□44 悲しげなそぶりを**微塵**も見せない。（立命館大）
みじん
非常に微細なもの。少しも、決して。

□45 先入観に**囚**われる。（関西学院大）
とら（われる）
つかまえられること。固定した価値観・考え方によって拘束されること。

□46 上司に**咎**められる。（立命館大）
とが（められる）
過ちや罪を非難されること。

□47 **懇**ろにもてなす。（明治大）
ねんご（ろ）
心を込めて、親身で手厚いさま。関係が親密であるさま。

□48 **殺戮**の場を目の当たりにする。（明治大）
さつりく
多人数を殺すこと。

*□49 歴代の天才を**凌**ぐ実力。（名古屋大）
しの（ぐ）
押し分けたり、乗り越えたりして前に進むこと。また、能力などが他のものよりも上回ること。

*□50 良心の**呵責**を感じる。（明治大）
かしゃく
厳しく責めること。×かせき

*□51 **前代未聞**の大事件が起きる。（中央大）
ぜんだいみもん
かつて一度も聞いたことがないほど非常に珍しいこと。また、それほど物事の程度が甚だしいこと。

□52 アフタヌーンティーを**愉**しむ。（関西学院大）
たの（しむ）
愉快な気持ちになること。

□53 **雑駁**な文章。（立命館大）
ざっぱく
粗く、雑然としていて統一性がないこと。またはそのさま。

□54 故人の葬儀で**供物**を供える。（関西学院大）
くもつ
神仏に供える、飲食品をはじめとした物のこと。

番号	問題	出典	読み	意味
55	様々な活動に**忙殺**される。	（名古屋大）	ぼうさつ	非常に忙しく、仕事などに追われること。
56	秀才の**誉**れ。	（立命館大）	ほま(れ)	よろこばしい評価、名誉。誇らしい事柄。
*57	あのグループのリーダーは悪の**権化**だ。	（明治大）	ごんげ	ある抽象的な特質や思想の特性が著しい人やもの。
58	**微**かな音を聞く。	（明治大）	かす(かな)	物事の度合いがやっと感じられる程度であるさま。ひっそりと寂しく、みすぼらしいさま。
59	相手の意見への**駁論**を述べる。	（明治大）	ばくろん	他人の意見に反対して非難、攻撃すること。またはその議論。
60	**補足**しながら説明する。	（関西学院大）	ほそく	不十分なところを補い、付け足すこと。
61	グループの**領袖**として活躍する。	（学習院大）	りょうしゅう	襟と袖。集団などの中で、人の上に立つ指導者。
62	肉食動物の**餌食**となる。	（明治大）	えじき	動物の餌となった生命を持つもの。野心や欲望を満たすために犠牲となるもの。
63	目的地に**辿**り着く。	（関西学院大）	たど(り)	道筋に沿って進み、行くべき道を探り求めること。物事を考察すること。
*64	企画の全体を**俯瞰**する。	（関西学院大）	ふかん	高い所から広い範囲を見下ろすこと。または眺めること。≒鳥瞰（ちょうかん）
65	**確固**とした理論。	（名古屋大）	かっこ	しっかりとして動じず、確かであること。

□66 手本となる美しい**所作**。（法政大）

□67 この世の**煩**わしさ。（関西学院大）

□68 敗者が勝者を**妬**む。（関西学院大）

□69 痛みを**鎮**める薬。（名古屋大）

*□70 生産量が他の地域を**凌駕**する。（関西学院大）

□71 子どもたちを**慈**しむ。（青山学院大）

□72 事件のために**急遽**召集をかける。（関西学院大）

□73 スーツを**颯爽**と着こなす。（明治大）

□74 想像を絶する**煩悶**。（明治大）

□75 地震で街が**潰滅**する。（関西学院大）

□76 近代産業を**担**う施設。（明治大）

---

66 しょさ
行いや振る舞い、仕草や身のこなしなどのこと。≒物腰（ものごし）

67 わずら(わしさ)
面倒で厄介なこと。または煩雑なさま。

68 ねた(む)
自分にないものや望むものを持つ人や状況を羨ましく思い、憎むこと。≒嫉妬（しっと）

69 しず(める)
騒ぎをおさめること。勢いを弱めること。

70 りょうが
他のものをしのいで、それ以上になること。他よりまさった状態になること。

71 いつく(しむ)
愛すること。かわいがって、大切にすること。

72 きゅうきょ
唐突に起きた物事を、慌ただしく処理するさま。前触れなく行うさま。

73 さっそう
人の姿や態度、行動などが清々しく勇敢なさま。

74 はんもん
心を痛め、もだえ苦しむこと。思いわずらうこと。≒苦悩（くのう）

75 かいめつ
物事の形や組織などが、ひどく壊れること。もしくは壊して駄目にすること。
！「壊滅」とも書く

76 にな(う)
物を肩に乗せて運ぶこと。責任、ある評価や意味を負わされること。

□77 勇気ある行動に**快哉**を叫ぶ。（明治大）
かいさい
気分が良い、愉快だと思うこと。

*□78 **些細**なことでけんかする。（関西学院大）
ささい
少しのこと、細かいこと。またはそのようなさま。≒些事（さじ）

□79 日本文学の**金字塔**。（法政大）
きんじとう
後世に残るすぐれた作品や業績を表す。

□80 白々しく**虚**しい答弁。（立教大）
むな（しい）
中が空であること。せっかく努力しても報いがなく、無駄であること。

*□81 問題を**真摯**に捉えようとする。（立教大）
しんし
真面目で熱心であることやそのさま。

□82 ルールを**杓子**定規的に適用する。（明治大）
しゃくし
（「杓子定規」の形で）判断基準や考え方を変えず、融通の利かないこと。

*□83 彼は服装に**無頓着**だ。（立教大）
むとんちゃく
全く物事を気にかけないで、平気なこと。またはそのさま。

□84 難破した船が**曳航**される。（明治大）
えいこう
船が他の船や運搬物などを引きながら、進むべき道へ進むこと。

□85 人生に対する**歪**んだ見方。（関西学院大）
ゆが（んだ）
本来の形が別のいびつな形へ変化しているさま。

□86 相手の不審な態度を**訝**る。（立命館大）
いぶか（る）
はっきりしない物事が気にかかり、それを疑い怪しむこと。

*□87 鳥羽僧正が描いた**戯画**。（千葉大）
ぎが
遊びやおふざけで描いた絵。

88 動物の姿を**象**って文字を作る。（関西学院大）
かたど(って)
物の形を写し取ったり、真似たり似せたりすること。

*89 **道化**に徹する。（法政大）
どうけ
人を笑わせるような、おどけた言葉や動作。または、そのような言行をする人。

90 他人の顔色を**窺**う。（大阪大）
うかが(う)
ひそかにのぞき見たり、調査したりすること。一部から全容を推測することや、好機が来るまで様子を見ること。

91 学会での功績を**讃**える。（関西学院大）
たた(える)
すぐれた業績や立派な行為に対して、それを褒めること。

92 皇帝の**寵愛**を受ける。（法政大）
ちょうあい
非常に大切にしてかわいがること。特別に愛すること。

*93 **有為**転変は世の習い。（明治大）
うい
（「有為転変」の形で）世の中の事柄は因縁によって一時的に存在し、常に移り変わるものだということ。

94 自分が犯した**罪業**。（明治大）
ざいごう
罪となるべき行為、道理に背いた行いのこと。

95 **猜疑**の目を向ける。（明治大）
さいぎ
自分に何か不利なことをするのではないかと他者を疑うこと。

96 書類に**捺印**する。（関西学院大）
なついん
印を押すこと。または押した印のこと。

97 **信憑**性のある情報。（明治大）
しんぴょう
情報や言葉などを信頼すること。また、信じてよりどころとすること。

98 先輩に教えを**乞**う。（明治大）
こ(う)
他人に物を与えるように求めること。

99 連休で**賑**わう観光地。（関西学院大）
100 過去の音声が**蘇**る。（名古屋大）
101 板と板の間に**隙間**がある。（千葉大）
102 新刊の**推敲**を重ねる。（明治大）
103 **朦朧**とした人影。（千葉大）
104 自分はまだまだ**若輩**者だ。（関西学院大）
105 その業界は長らく**寡占**状態にあった。（関西学院大）
106 日本と中国の文化が**混淆**する。（立教大）
107 考えに考えた**挙句**失敗する。（明治大）
108 夫は**俸給**生活者だ。（青山学院大）
*109 **秀逸**な作品と賞賛される。（関西学院大）

にぎ(わう) 人がいっぱいになって賑やかな様子。繁盛し、裕福になること。
よみがえ(る) 死んだものが生きかえること。一度衰えたものが、再び盛行すること。
すきま 物と物の間の、わずかに空いているところ。空いている時間。人と人の間にある心理的距離。
すいこう 詩・文の字句・文章などを十分に吟味して練り直すこと。
もうろう ぼんやりとしていて、はっきり見えないさま。確かでないさま。
じゃくはい 年が若い人や、経験が浅いこと。
かせん 少数の大企業によって市場が支配されている状態。⇔独占(どくせん)
こんこう 異質なもの同士が入り混じること。
あげく 物事や状況が続いた先の結果となるところ。主に、副詞的に用いられる。
ほうきゅう 役所や会社などの勤め人に支払われる賃金のこと。
しゅういつ 能力や作品が他の人や物よりも飛び抜けてすぐれていること。

第**3**節

差をつける重要な読み★

□1 仲間を**率**いて調査を行う。（学習院大）

□2 山を**開削**して鉱脈を発見する。（明治大）

□3 失敗の原因は、その**迂遠**な方法にある。（関西学院大）

□4 世間の**罵倒**に屈しない。（立教大）

□5 世の中にはびこる間違いを**糺**す。（関西学院大）

□6 ある人物を犯人と**睨**んで捜査する。（明治大）

*□7 結論とするには**躊躇**を感じる。（明治大）

□8 **鬱憤**を晴らす場所。（関西学院大）

□9 **濃厚**な味。（関西学院大）

□10 連勝街道を**驀進**する。（立教大）

正解 / 意味

1 ひき（いて）　従えて、引き連れること。行動や進退を指揮すること。

2 かいさく　土地を切り開いて、新たに通路や運河、トンネルなどを通すこと。

3 うえん　回りくどいさま。方法や思想、態度などが遠回りで使い物にならないさま。

4 ばとう　ひどく罵ること。悪口を言うこと。

5 ただ（す）　ゆがみや混乱など、本来と異なる形・状況を元に戻すこと。

6 にら（んで）　鋭い目つきで見ること。注意を要する対象として目星をつけること。

7 ちゅうちょ　あれこれと迷って決心が定まらないこと。≒躊躇う（ためらう）

8 うっぷん　外に出すことなく、心の中に積もり続けた怒りや恨みのこと。

9 のうこう　色や味、匂いなどが濃く、こってりしている様子。≒濃密（のうみつ）⇔希薄（きはく）

10 ばくしん　まっすぐ勢いよく突き進むこと。

□11 彼女は人の心を**弄**ぶ。（立教大）
もてあそ(ぶ)
手に持っていじったり、遊んだりすること。心の慰みものにすること。勝手に取り扱うこと。

□12 **清廉**潔白な人であろうと心掛ける。（立命館大）
せいれん
（「清廉潔白」の形で）私欲がなく、汚れのない美しい心のことやその様子。

□13 無駄な設備を**闇雲**に増やす。（名古屋大）
やみくも
漠然としていること。むやみであることやそのさま。

□14 **精妙**極まりない仕組み。（立教大）
せいみょう
非常に細かく、巧みなことやそのさま。

□15 強権的な圧力のせいで**萎縮**してしまう。（関西学院大）
いしゅく
しぼんで縮んだり、元気がなくなったりすること。

*□16 意見を**収斂**する。（立教大）
しゅうれん
収縮すること。または一つに集約すること。

□17 気分が**昂揚**する。（明治大）
こうよう
精神・気分などが高まること。
!「高揚」とも書く

□18 自然界の厳しい**掟**。（関西学院大）
おきて
守るべきとされる約束事。

□19 理論の**空隙**をつく。（明治大）
くうげき
物と物の隙間。心の中の隙間。
≒間隙（かんげき）

*□20 **未曾有**の状況。（青山学院大）
みぞう
未だかつてなかったこと。とても珍しいこと。
×みぞゆう !「未曽有」とも書く

*□21 **混沌**とした状態。（関西学院大）
こんとん
物事の区別がはっきりせず、もやもやと入り乱れている状態のこと。

*22 提示された条件を**吟味**する。（名古屋大）

ぎんみ

物事を念入りに調べたり、それによって選んだりすること。≒点検（てんけん）

23 秘密を**仮借**なく暴く。（立命館大）

かしゃく

許して見逃すこと。

24 **専横**な振る舞い。（千葉大）

せんおう

自分の考えに忠実で、他人の意向を無視しながら好き勝手に振る舞うこと。

25 神と**崇**める。（立命館大）

あが（める）

尊いものとして崇敬すること。大切に扱うこと。

*26 **鷹揚**な人柄。（早稲田大）

おうよう

のびのびとして威厳があること。ゆったりとした動作。

27 **敬虔**なクリスチャン。（明治大）

けいけん

神仏を深く信じ、敬い仕えるさま。

28 漆黒のドレスを身に**纏**う。（名古屋大）

まと（う）

身に付けること。絡まったり巻き付いたりすること。

29 彼女は突然**失踪**した。（関西学院大）

しっそう

行方がわからないこと。人の所在や生死がはっきりしないこと。

*30 彼は酒を飲むと**饒舌**になる。（関西学院大）

じょうぜつ

多弁であること。口数が多く、よくしゃべることやそのさま。

31 **貪欲**に金銭を求める。（関西学院大）

どんよく

自分の欲望に執着すること。非常に欲が深いこと。

32 **不躾**な視線を向けられる。（立教大）

ぶしつけ

礼を欠き、無作法であることやそのさま。

*33 絵が上手だと**巷**でうわさになる。（明治大）

34 長年連れ添った配偶者を**喪**う。（立教大）

35 仕事の**進捗**状況を確認する。（中央大）

36 書斎にこもってトルストイを**耽読**した。（明治大）

37 犬は**嗅覚**が鋭い。（千葉大）

38 紳士としての**嗜**みだ。（千葉大）

39 天下統一の夢が**潰**える。（立命館大）

40 質問を**畳**みかける。（千葉大）

41 文化に関する**語彙**。（関西学院大）

42 扉を**施錠**してから出発する。（関西学院大）

43 哲学書を**著**す。（中央大）

---

33 ちまた
世の中。ある物事が行われている場所。≒市井（しせい）

34 うしな（う）
近親者などと死に別れること。

35 しんちょく
物事が捗って進むこと。もしくはその進み具合のこと。

36 たんどく
夢中になって本を読みふけること。

37 きゅうかく
匂いの刺激による感覚。

38 たしな（み）
趣味や余儀として触れていること。普段の心掛けや節度のこと。

39 つい（える）
計画などが潰れて駄目になること。また、時間や労力などが無駄になること。×つぶ（える）

40 たた（み）
絶え間なく、立て続けに行うこと。追い打ちをかけること。

41 ごい
ある範囲や分野などに関する、もしくはその領域、人が有する単語の総体を集合として呼ぶ用語。

42 せじょう
鍵を掛けること。

43 あらわ（す）
書物を書くこと。

□44 静かな山中で**瞑想**にふける。（関西学院大）
めいそう
目を閉じて静かに思いふけること。考えること。

□45 一時の流行はすぐに**廃**れる。（明治大）
すた(れる)
それまで盛んだったものが時代にそぐわなくなり衰えること。

□46 天下の**豪傑**と呼ばれた武将。（関西学院大）
ごうけつ
周囲よりも飛び抜けて、才知や武勇に富んださまやその人。些細なことに拘らない人。

□47 僕の兄は、**所謂**天才というやつだ。（早稲田大）
いわゆる
世にいわれていること。誰もが知っていること。

□48 **愛惜**の念を抱く。（早稲田大）
あいせき
ものや人を大切にして、傷つけることを惜しむこと。名残惜しいこと。

□49 状況を打開しようと**足掻**く。（明治大）
あが(く)
悪い状況や、自由を奪われた状況からの解放を求めてもがくこと。

□50 物の名前を**尋**ねる。（千葉大）
たず(ねる)
調べたり、人に聞いたりすること。

□51 わずかな望みに**縋**る。（関西学院大）
すが(る)
頼りとするものにつかまること。しがみついて、助力を求めること。

□52 停戦の提案を**斥**ける。（関西学院大）
しりぞ(ける)
向かってくるものを追い返すこと。申し入れなどを拒むこと。

＊□53 厳しい自然**淘汰**。（名古屋大）
とうた
生物集団の中で、不適者が排除され、生存力の大きい適者が生き残って繁殖する現象のこと。

□54 記念碑を建てて功績を**顕**す。（関西学院大）
あらわ(す)
記念碑や像など何かの形で、善行や偉業を世間に知らせること。

*55 恩師の言葉を**反芻**する。（千葉大）

56 **豊饒**な土壌に恵まれる。（立命館大）

57 星の**瞬**きに魅せられる。（学習院大）

*58 その件を考えることは、**畢竟**無意味だ。（千葉大）

59 **尖鋭**な活動家。（関西学院大）

60 **妖精**のように空を飛ぶ。（千葉大）

61 先師の教えを**暗誦**する。（立命館大）

62 古い釜を**納戸**にしまう。（関西学院大）

*63 特権を**濫用**する。（千葉大）

64 外国**為替**取引。（学習院大）

65 人目を**憚**る。（千葉大）

はんすう
繰り返して考え、味わうこと。

ほうじょう
水・酸素・養分のバランスが良い土で作物がよく育つこと。≒肥沃（ひよく）

また(き)
星や火などの光がちらちら明滅すること。

ひっきょう
つまり、結局。様々な経過の後、最終的に一つの結論に到達することを表す。

せんえい
先が鋭く突き出ていること。過激で急進的であること。(!)「先鋭」とも書く

ようせい
人を惑わす怪しい妖怪。人間の姿をした超自然的な存在。

あんしょう
記憶した内容を、何も見ない状態で口に出して唱えること。(!)「暗唱」とも書く

なんど
衣服や日常生活で使う道具や家具などをしまっておく部屋。

らんよう
一定の基準や限度を超えて、むやみに用いること。

かわせ
遠距離間における金銭上の債務、債権のやり取りを、実際の現金輸送を伴わずに行う仕組みのこと。

はばか(る)
支障があるとして遠慮し、差し控えること。

□66 白い**足袋**を履く。（千葉大）
たび
和装のときに履く履き物の一種。

*□67 理想と現実の**乖離**に落胆する。（関西学院大）
かいり
背いたり、離れ離れになったりすること。

□68 古い文献を**蒐集**する。（立教大）
しゅうしゅう
様々なものを寄せ集めたり、取り集めたりすること。×きしゅう　!「収集」とも書く

□69 偉人の功績を**礼賛**する。（関西学院大）
らいさん
すばらしいものであると褒めたたえること。また、心から感謝すること。×れいさん

□70 人類のために**叡智**を提供する。（関西学院大）
えいち
すばらしい知恵。理論的で実践的な問題を処理する知力のこと。!「英知」とも書く

□71 民主主義の**根幹**を揺るがす大事件。（関西学院大）
こんかん
物事の大もとであり、中心となるもの。⇕表層（ひょうそう）

*□72 子どもたちは元気が**横溢**している。（関西学院大）
おういつ
あふれるほど勢いが良いことやそのさま。

□73 研究に**邁進**する。（関西学院大）
まいしん
何事にも恐れることなく突き進むこと。

*□74 情報の**氾濫**。（明治大）
はんらん
物事が広がり、出回ること。川の水が増し、勢いよくあふれ出ること。

□75 判決が**翻**る。（早稲田大）
ひるがえ（る）
これまでの説や立場が急に変わり、逆転すること。敵方に寝返ること。

□76 **固唾**をのむ。（千葉大）
かたず
物事の行く末を心配し、緊張したときに口の中にたまる唾。

*□77 奉仕活動によって**贖罪**する。（明治大）
しょくざい
金や品物を使い、罪を償うこと。キリストの死で、世の罪を贖ったこと。

□78 学生寮にお**誂**え向きの建物。（立教大）
あつら(え)
（「誂え向き」の形で）理想的であること。希望、注文通りのものであること。

□79 **絢爛**豪華な着物。（明治大）
けんらん
（「絢爛豪華」の形で）光り輝き、華やかで美しいものやそのさま。

□80 **明朝**八時に東京駅で待ち合わせている。（法政大）
みょうちょう
翌日の朝のこと。

□81 事情を**汲**んで許す。（千葉大）
く(んで)
液体をすくい取ること。人の心や事情を推し量り、配慮すること。

□82 ベテランとしての**自恃**の感情を持つ。（立命館大）
じじ
自分自身やその能力をたのみにすること。

□83 ネットでの**誹謗**中傷。（名古屋大）
ひぼう
（「誹謗中傷」の形で）誰かを悪く言うこと。また、それにより相手を傷つけること。

*□84 コミュニケーションの**範疇**が多様化する。（法政大）
はんちゅう
同一性質のものが属する部類。枠組み、カテゴリー。≒範囲（はんい）

□85 危機感を**煽**る。（名古屋大）
あお(る)
相手をある行動に向けて唆したり、たきつけたりすること。

□86 学業に打ち込む**傍**ら、野球の練習もする。（中央大）
かたわ(ら)
物事を行っているもう一方や、その合間のこと。すぐ近くのこと。

□87 業界最大手の地位をめぐって**角逐**する。（関西学院大）
かくちく
互いに競い合って争うこと。×かくすい

COLUMN 02

漢字学習の効果

皆さんは何のために漢字を学習していますか。この本を手に取っている方の中には、「大学受験のため」と答える人もきっと多くいることでしょう。確かに、漢字を学習することで、入試において漢字問題を確実な得点源とすることができます。また、漢字力は漢字問題だけでなく、現代文や小論文、さらに言えば、あらゆる科目の土台になるものです。しかし、漢字学習の効果を「大学受験」という狭く、いつかは終わるものにおいてのみ捉えるのはもったいないことです。

　では、漢字学習の効果は受験以外のどんな場面で表れるのでしょうか。日本語において、あらゆる発話、ましてや読み書きの基礎には間違いなく漢字があります。日常生活の中で漢字は欠かせないということを考えれば、受験以外でも漢字学習の効果があるということはおわかりいただけるかと思います。

「それならば、日常生活における必要最低限の漢字だけ覚えれば、難しそうな漢字は覚えなくてもいいだろう」と思われるかもしれませんが、そういうわけでもありません。難しい漢字まで覚えることによって、語彙力が高まり、読める文章の幅がぐんと広がります。今まで読むことを諦めていたような難しい本や文章が、心惹かれてわくわくするものに変わる瞬間はすばらしいものです。また、難しい本や文章を読むことによって、たくさんの新しい知識や教養を手に入れられます。これらは何もせずに日々を過ごすだけでは得られない貴重な財産です。漢字学習によりめぐりめぐって得られる知識や教養は、受験期だけでなく、その先に続くあなたの長い人生に彩りを添え続けることでしょう。

第3章

共通テスト対策

共通テスト形式の問題では「書き取り」の力だけでなく、「語彙力」「読解力」なども含めた総合的な力が問われます。特に同音異義語がよく狙われるので注意してください。正しい漢字が思いつかなかった場合は、その漢字の意味をつかめていない可能性があります。熟語を分解し、漢字を一字ずつ訓読みしてみると意味を理解しやすくなりますよ。

共通テスト形式問題①

▼傍線部に相当する漢字を含むものを、選択肢から一つ選べ。

1 物語の**ボウトウ**部分（共通テスト）

① 流行性の**カンボウ**にかかる
② 今朝は**ネボウ**してしまった
③ 過去を**ボウキャク**する
④ 経費が**ボウチョウ**する

2 心の**キンセン**に触れる芸術（共通テスト）

① **ヒキン**な例を挙げる
② 食卓を**フキン**で拭く
③ **モッキン**を演奏する
④ 財政を**キンシュク**する

正解	意味
冒頭	文章や談話、物事のはじめの部分。
◎① 感冒	風邪やインフルエンザなどのこと。
② 寝坊	朝遅い時間までねていることやそのさま。また、そういう癖のある人。
③ 忘却	全く覚えておらず、わすれ去ってしまうこと。
④ 膨張	発展して規模が広がり、大きくなること。数量や体積などが全体的に増大すること。⇔収縮（しゅうしゅく）
琴線	弦楽器の糸。また、心の奥深くにある共鳴しやすい感情。
① 卑近	みぢかでありふれており、品位に欠けること。
② 布巾	食器類を拭いたり、調理において濾《こ》したり蒸したりするのにも用いられるぬの。
◎③ 木琴	調律された堅いもくへんを音階順に並べ、先に玉の付いた棒で打って鳴らす打奏楽器の総称。
④ 緊縮	弛緩したものなどをしっかりと引き締めること。支出を切り詰めること。⇔緩和（かんわ）

□ **3** 仲間から**ウト**んじられる（共通テスト〈改〉）

① 裁判所に**テイソ**する
② 地域が**カソ**化する
③ **ソシナ**を進呈する
④ 数学の**ソヨウ**がある

□ **4** 薬を**カジョウ**に摂取する（共通テスト）

① **ジョウチョウ**な文章
② 予算の**ジョウヨ**金
③ 汚れを**ジョウカ**する
④ **ジョウキ**を逸する

疎 嫌って、そっけなくすること。遠ざけて親しまないこと。

① **提訴** 裁判所や調停者などにうったえ出たり、そしょうを起こしたりすること。
◎② **過疎** とてもまばらなこと。特に、ある地域の人口が、流出などの原因で他よりも少なすぎること。⇔過密(かみつ)
③ **粗品** そまつなしなもの。また、人に贈る物などをへりくだっていう言葉。
④ **素養** 普段からの練習・学習などで身に付けた知識や技能。

過剰 必要な程度や数量を超え、差し障りができること。

① **冗長** 話や文章などが、ぐだぐだしていてながいこと。⇔簡潔(かんけつ)
◎② **剰余** 残り、あまり。割り算のあまりのことも指す。
③ **浄化** きれいにすること。心身の汚れを取り除くこと。
④ **常軌** 普通であると位置付けられた、行うべき方法や考え方。

5 心が**キズ**つく（共通テスト）

① 入会を**カンショウ**する
② 音楽を**カンショウ**する
③ **カンショウ**的な気分になる
④ 箱に**カンショウ**材を詰める

6 変身を**ト**げる（共通テスト）

① 過去の事例から**ルイスイ**する
② **キッスイ**の江戸っ子
③ **マスイ**をかける
④ 計画を**カンスイ**する

傷　心身などに受けた痛手。切る、打つなどして皮膚や筋肉を損じたり、出血したりすること。

① **勧奨**　ある物事を行うように、すすめ励ますこと。≒奨励（しょうれい）

② **鑑賞**　聴覚や視覚を通して芸術作品などの表現しようとするところをつかみとり、味わうこと。

③ **感傷**（正解）　物事をかんじて悲しむこと。心をいためたり、同情したりする動きやその気持ち。

④ **緩衝**　物事のしょうとつや不和をそれらの間で和らげること。

遂　目的を成し終えること。また、最後に結果を表すこと。

① **類推**　似ている点に基づいて、他のことを想定すること。

② **生粋**　混じり気が全くなく、すぐれていること。≒無垢（むく）

③ **麻酔**　痛みを除去するために一時的に痛覚や知覚を鈍らせたり消失させたりすること。

④ **完遂**（正解）　最後までやり通すことや、かんぜんに成しとげること。

7 山村のミンゾクを調べる（共通テスト）

① 楽団にショゾクする
② カイゾク版を根絶する
③ 公序リョウゾクに反する
④ 事業をケイゾクする

8 不安と恐怖をカンキする（共通テスト）

① 証人としてショウカンされる
② 優勝旗をヘンカンする
③ 勝利のエイカンに輝く
④ 意見をコウカンする

民俗

人々の伝統的な風習・習慣のこと。

① 所属

個人や事物などが、ある団体・組織の一員であること。

② 海賊

(「かいぞく版」の形で)法律に反し、著者や出版社に無断で制作された複製物のこと。

③ 良俗

健全な風習・習慣。社会の一般的な道徳観念。

④ 継続

前から行っていることが、引きつづき行われること。

喚起

穏やかな状態のものに声を掛け、鼓舞すること。

① 召喚

人をある場所に来るようによびつけること。

⇔派遣（はけん） ×召換

② 返還

一度手に入れたものを、元の所有者にかえすこと。

③ 栄冠

勝利の証しに与えられるかんむり。また、輝かしい勝利・名誉自体を指す。

④ 交換

取りかえること。物と物とをやり取りしてかえること。

□ 9

映画制作の手法をエンヨウする（共通テスト）

① 鉄道のエンセンに住む
② キュウエン活動を行う
③ 雨で試合がジュンエンする
④ エンジュクした技を披露する

□ 10

時間をヘダてる（共通テスト）

① 敵をイカクする
② 施設のカクジュウを図る
③ 外界とカクゼツする
④ 海底のチカクが変動する

援用
自分の主張の助けとして、他の文献・事例・慣例などをもちいること。

① **沿線** せんろやバスのろせん、道路などにそった場所。
② **救援** 困難な状況や危険に陥っている人をすくい助けること。
③ **順延** 逐次、予定の期日をのばしていくこと。
④ **円熟** 人格・知識・技術などが十分に発達し、豊かな内容を持つこと。

隔
間に物を置いて遮ったり、距離をありたりすること。

① **威嚇** 強い力を持って脅し、相手を恐れさせること。
② **拡充** 組織や施設をひろげ、完備させること。範囲を押しひろめること。
③ **隔絶** 他とかけ離れていること。へだたって一切の関係がなくなること。
④ **地殻** ちきゅうの表層部を形成する岩石層。

□ **11** 自己の**トウエイ**　（共通テスト）

① 意気**トウゴウ**する
② **トウチ**法を用いる
③ 電気**ケイトウ**が故障する
④ 強敵を相手に**フントウ**する

□ **12** 甘い言葉に**ゲンワク**される　（予想問題）

① **ジョウゲン**の月を眺める
② 能の**ユウゲン**な世界に接する
③ **ヘンゲン**自在に出没する
④ ゴミの**ゲンリョウ**に努める

投影

物のかげを地上や水面などに映し出すこと。あるものの存在が他のものに形となって現れること。

① 投合

（「意気とうごう」の形で）両方の気持ちが互いにぴったりとあうこと。

② 倒置

意味や調子を強めるために、文中の語順を普通と逆にすること。

③ 系統

血のつながりなど、ある原理・法則によって個々を順序立てて並べ、まとめたもの。

④ 奮闘

敵や困難に対し、力の限り努力したり、力をふるって立ち向かったりすること。

幻惑

ありもしないことや目先のことにまどわされること。もしくはまどわすこと。

① 上弦

新月から満月へ至る間に見られる半月。日没時に南中し、真夜中に弧を下にして沈む。

② 幽玄

物事の趣が奥深く、計り知れないこと。

③ 変幻

（「へんげん自在」の形で）思うがままに姿形をかえて現れたり消えたりすること。

④ 減量

重さやりょうがへること、へらすこと。特に、体重をへらす意味で使われる。

□ 13 業者にイライする　（予想問題）

① 客観的なデータにイキョする
② ジンイ的なミスを謝罪する
③ 部下にイサイを確認する
④ その場のフンイキに合わせる

□ 14 計画を実行に移すようソソノカす　（予想問題）

① 勤務の実態をササツする
② 大統領のホサ官を務める
③ シサに富んだ発言
④ 経歴をサショウする

依頼

人に用件をたのむこと。あるものをたのみにすること。

① 依拠

あるものに基づくこと。よりどころとすること。
≒準拠(じゅんきょ)

② 人為

自然のままではなく、そこにひとが手を加えること。
⇔天然(てんねん)

③ 委細

こまごまとした詳しい事情。⇔概略(がいりゃく)

④ 雰囲気

その場やそこにいる人たちが自然に作り出している様子や状態。

唆

良くない行動をするように誘うこと。その気になるように促すこと。

① 査察

監視などを行って、状況や問題を調べること。

② 補佐

人を助けたり、付き添ったりしてその務めを果たさせること。

③ 示唆

それとなく知らせること。暗に相手をそそのかすこと。
≒暗示(あんじ)　⇔明示(めいじ)

④ 詐称

自身の経歴・氏名・年齢などの情報を偽って伝えること。

15 **ボウジャク**無人に振る舞う（予想問題）

① 前途**ユウボウ**な業界
② 買い物前に**ビボウロク**を作る
③ **ブンボウグ**を集める趣味がある
④ 裁判を**ボウチョウ**する

傍若

① 有望
② 備忘録
③ 文房具
④ 傍聴（正解）

（「ぼうじゃく無人」の形で）人目をはばからず勝手気ままに振る舞うこと。

（「前途ゆうぼう」の形で）将来に見込みがあること。

わすれたときのために、前もって要点を書きとどめておくメモやノート。

読み書きをする際に使うどうぐ。

そばできくこと。会議や公判を、発言権なしできくこと。

16 **エキガク**を専門にする（予想問題）

① **エキショウ**画面が割れる
② 食事で**メンエキ**をつける
③ **ユウエキ**な情報を発信する
④ 二カ月の**エキム**提供期間を設ける

疫学

① 液晶
② 免疫（正解）
③ 有益
④ 役務

地域や団体などで、集団的に発生する病気を研究するがくもん。

固体とえきたいとの中間的な状態の物質。テレビやパソコンなどの画面によく用いられる。

病原菌や毒素の感染に対する抵抗力。

りえきがあること。ためになること。⇔無益（むえき）

労働などによる課せられたつとめ。他者に与えるサービス。

▼傍線部と**同じ意味**を持つものを、選択肢から一つ選べ。

□17 建築学の講演を**オコナ**った　（共通テスト〈改〉）

① 音楽に合わせて**コウシン**する
② 入場のための**ギョウレツ**に並ぶ
③ 海外**リョコウ**でヨーロッパを訪れる
④ 政治家が公約を**リコウ**する

□18 きれいな景色を**ノゾ**む　（共通テスト〈改〉）

① 役に立てたなら**ホンモウ**だ
② 彼は将来を**ショクボウ**されている
③ タワーの**テンボウ**台にのぼる
④ 彼女は優しいひと柄で**ジンボウ**が厚い

行　ある物事をなすこと。実施すること。

① 行進　多くの人やものが、列などを組んですすむこと。
② 行列　多くの人やものが、れつを作って並ぶことやそのれつ。また、数字や文字を方形に並べたもの。
③ 旅行　家や地元を離れて他の土地へいくこと。たびをすること。
◎④ 履行　決めたことや言ったことを実際におこなうこと。また、債務者が債務内容の給付を実現すること。

望　はるかに隔てて見ること。遠くを眺めること。

① 本望　元から抱いている志や願いなど。また、それを達成して満足であること。
② 嘱望　ある人の前途や将来にのぞみをかけたり、期待したりすること。
◎③ 展望　遠くまで見渡すことやその眺め。また、社会や人生の行く末を見通すこと。≒眺望（ちょうぼう）
④ 人望　信頼や尊敬されたひととして、周囲から慕い仰がれること。

19 糖分をカジョウに摂取する （予想問題）

① 犯したカシツを悔やむ
② カジツの雨で川が増水する
③ 学校の前をツウカする
④ 天才といってもカゴンではない

20 泥棒の逃げ道をタつ （予想問題）

① 強風にもかかわらずダンコウした
② 踏切のシャダン機が下りる
③ 彼のエイダンで計画は成功した
④ ムダンで欠勤する

過剰 必要な程度や数量を超え、差し障りができること。

① 過失 不注意や怠慢によって犯したしっぱいのこと。⇔故意(こい)
② 過日 すぎ去ったあるひのこと。
③ 通過 ある場所をとおりすぎること。何らかの妨げがなく、物事が済むこと。
④ 過言 度を越した伝え方、ことば。いいすぎであること。

断 ひもや通路など、一本につながっているものを切ること。

① 断行 無理や困難を押し切って実際におこなおうとすること。
② 遮断 動きや流れをさえぎること。
③ 英断 すぐれた考えに立って、物事を思い切りよく、はっきり決めること。
④ 無断 許可を得ずに行うこと。

▼傍線部とは**異なる意味**を持つものを、選択肢から一つ選べ。

□21 熊に**オソ**われる　（共通テスト〈改〉）

① 敵に**ヤシュウ**をかける
② 社会的地位を**セシュウ**する
③ 背後から**キシュウ**する
④ 台風が**ライシュウ**する

□22 おやつを**アタ**える　（共通テスト〈改〉）

① 衣服を**キョウヨ**する
② 市に一千万円を**ゾウヨ**した
③ 事業に**カンヨ**する
④ 学位を**ジュヨ**する

襲

① 夜襲
② 世襲
③ 奇襲
④ 来襲

与

① 供与
② 贈与
③ 関与
④ 授与

不意に攻めかけたり、危害を加えたりすること。

よるのうちに、敵へ攻撃を仕掛けること。

親が持つ身分・財産・職業などを、その家筋の子孫が代々受け継ぐこと。

相手の隙を狙って、思いがけない方法で攻め込むこと。

おそってくること。攻め込んでくること。

自分の所有物を他の人に渡すこと。影響・効果を相手に及ぼすこと。

相手方の求めるもの、利益などをあたえることで得をさせること。

金銭、物品などを人におくること。

ある物事にかかわること。

位、勲章などをさずけ、あたえること。

□ 23 ナツかしのヒットソングを聴く　（予想問題）

① ホンカイを遂げる
② 友人とのカイキュウ談に花を咲かせる
③ カイコ主義的な考えに固執する
④ カイキョウの念に浸る

□ 24 従来の定説をクツガエす　（予想問題）

① 嵐で船がフクボツする
② 政府のテンプクを企てる
③ フクメン作家として活動する
④ フクスイ盆に返らず

懐
昔のことを思い出して心が引かれること。

① 本懐
もともと持っていた望み、願いのこと。

② 懐旧
昔のことをなつかしむこと。

③ 懐古
昔のことをなつかしむこと。

④ 懐郷
ふるさとをなつかしむこと。

覆
上下を反対にすること。既成のものを否定し、根本から変えること。

① 覆没
船などがひっくり返って沈むこと。

② 転覆
船・車両・物事の価値などがひっくり返ること。政府などが倒れること。

③ 覆面
顔を布などで隠すことや、それに用いるもの。身分姓名を明かさず物事を行うこと。

④ 覆水
（「ふくすい盆に返らず」の形で）洗面器からこぼれたみずは、元に戻らないということ。

共通テスト形式問題②

▼傍線部に相当する漢字を含むものを、選択肢から一つ選べ。

1 成長を**ソクシン**する（センター）

① 組織の**ケッソク**を固める
② 距離の**モクソク**を誤る
③ 消費の動向を**ホソク**する
④ 自給**ジソク**の生活を送る
⑤ 返事を**サイソク**する

2 **ケンコウ**を害する（センター）

① **ショウコウ**状態を保つ
② 賞の**コウホ**に挙げられる
③ 大臣を**コウテツ**する
④ **コウオツ**つけがたい
⑤ **ギコウ**を凝らした細工

正解	意味
促進	物事が早く運ぶように働きかけること。⇔抑制（よくせい）
① 結束	同志がだんけつすること。ひもや縄などでむすび、くくること。
② 目測	視覚的情報からおおよその高さ・長さ・量などをはかること。
③ 捕捉	とらえること。つかまえること。
④ 自足	（「自給じそく」の形で）必要とするものを他者に頼らず、みずからの力で間に合わせること。
⑤ 催促（正解）	物事を早く行うように、声を掛けるなどして働きかけること。
健康	精神の働きや考え方が正常なこと。体が丈夫で不調のないこと。
① 小康（正解）	病状や事態が一時的に治まり、安定した状態になること。
② 候補	ある地位や資格などを得ようとする人やもののこと。
③ 更迭	ある地位や役目に置かれた人など、物事が新たに入れ替わること。×更送
④ 甲乙	すぐれていることと劣っていること。また、第一、第二といった順番を指す。≒優劣（ゆうれつ）
⑤ 技巧	芸術表現などにおけるぎじゅつ上の工夫。

3 ケンゲンを渡す　（センター）

①マラソンを途中でキケンする
②ケンゴな意志を持つ
③ケンギを晴らす
④実験の結果をケンショウする
⑤セイリョクケンを広げる

4 身に付ける能力がカタヨる　（センター）

①雑誌をヘンシュウする
②世界の国々をヘンレキする
③図書をヘンキャクする
④国語のヘンサチが上がった
⑤体にヘンチョウをきたす

権限　その立場で行いうる行為の範囲。法令や契約に基づいていることもある。

①棄権　投票・議決参加をはじめとした、所持しているけんりをすてて行使しないこと。
②堅固　意志がかたく、壊れにくいことやそのさま。≠頑強（がんきょう）　！「けんこ」は誤り
③嫌疑　犯罪事実があるのではないかというたがい。
④検証　実際に物事を調べ、事実や仮説の真偽などを確かめること。
⑤勢力圏　他を支配するちからの及ぶ範囲。なわばり。

偏　ある部分・方面に集中し、全体の釣り合いを欠いた状態になることやそのさま。

①編集　ある方針・目的に従って資料をあつめ、刊行できる形に整えること。
②遍歴　広く各地をめぐり歩くこと。また、様々な経験を重ねること。
③返却　借りた物や一度受け取った物を持ち主や提出者にかえすこと。
④偏差値　個人の知能や学力などについての検査結果が、全体ではどの程度の水準にあるかを示すもの。
⑤変調　ちょうしがかわったり、狂ったりすること。

□ 5 鍛えられたガンケンな体 （センター）

① タイガンまで泳ぐ
② 環境保全にシュガンを置く
③ ドリルでガンバンを掘る
④ 勝利をキガンする
⑤ ガンキョウに主張する

□ 6 タンネンに検討する （センター）

① イッタン休止する
② タンレンを積む
③ タンセイを込める
④ タンカで運ぶ
⑤ 計画がハタンする

頑健

① 対岸
② 主眼
③ 岩盤
④ 祈願
⑤ 頑強

体が丈夫で、極めてけんこうなこと。

基準とする場所にたいして、川や湾などの向こう側にあるきしのこと。

中心となる要点。大切なところを指す。

地表の下にあるいわや石で構成された層のこと。

ある目的が達成されるように、神仏にいのり、熱望すること。

自分の態度や考えをかたくなに守り、そのままでなかなか曲げないさま。≒堅固(けんご)

丹念

① 一旦
② 鍛錬
③ 丹精
④ 担架
⑤ 破綻

細かいところにまで注意を払うこと。誠意を持って丁寧に行うこと。≒克明(こくめい) ⇔粗雑(そざつ)

ひとまず。ひとたび。

修養・実践を積んで、心身や技芸に磨きをかけること。

真心を込めて丁寧に物事を行うこと。

布などの部分に病人や怪我人を乗せて運ぶ道具。

物事が成り立たなくなること。ほころび、やぶれること。≒崩壊(ほうかい)

7 バクゼンとした不安 （センター〈改〉）

① バクガからビールが作られる
② サバクの景色を見る
③ ジュバクから解き放たれる
④ 観客がバクショウする
⑤ バクマツの歴史を学ぶ

8 奇妙にヒビく （センター）

① 物資をキョウキュウする
② ギャッキョウに耐える
③ 他国とキョウテイを結ぶ
④ エイキョウを受ける
⑤ ホドウキョウを渡る

漠然
ぼんやりとして、はっきりしないさま。
⇕明確（めいかく）

① 麦芽
おおむぎの種がはつがしたもの。ビールや水飴などの製造に使われる。

② 砂漠
降水量が極端に少ない、小石やすなで地表を覆った不毛の地。

③ 呪縛
まじないなどで行動や心理的な自由を奪うこと。

④ 爆笑
大勢がどっと大声でわらうこと。

⑤ 幕末
江戸ばくふ崩壊寸前の状態が続いた期間のこと。

響
音や振動が伝わること。世間や心の中に通じること。

① 供給
要求や必要に応じてものを与えること。
⇕需要（じゅよう）

② 逆境
思い通りにいかず、苦労の多い状態。
⇕順境（じゅんきょう）

③ 協定
ある事項について相談し、合意のうえで決めること。条約の一種。

④ 影響
あるものが他のものに力を及ぼして、変化や反応を起こさせること。

⑤ 歩道橋
ほこう者の車両通路横断用に設けられた、通路上空のはし。

□ 9 この種の問題がヒンシュツする
① ヒンシツを管理する
② カイヒン公園で水遊びをする
③ ヒンパンに訪れる
④ ライヒンを迎える
⑤ 根拠がヒンジャクである
（センター）

□ 10 アットウ的な力量の差
① 現実からトウヒする
② ジャズ音楽にケイトウする
③ トウトツな発言をする
④ シュウトウに準備する
⑤ 食事のトウブンを抑える
（センター）

頻出
しきりに現れたり、起こったりすること。
① 品質
物の性能や機能などのせいしつのこと。
② 海浜
うみのほとり。
③ 頻繁
しきりに行われること。ひっきりなしであること。
④ 来賓
式や会に客として招かれてきた人。
⑤ 貧弱
財力が乏しく、みすぼらしいこと。内容がなく、必要を満たすのに十分でないこと。

圧倒
際立ってすぐれた力を持っていること。力を見せつけて押し負かし、恐れさせること。
① 逃避
窮地や困難に直面したとき、それから免れようと、触れないようにしたり、隠れたりすること。
② 傾倒
かたむきたおれること。ある物事に興味を持ち、夢中になること。≒心酔(しんすい)
③ 唐突
前触れなく、不意すぎること。出し抜けであることやそのさま。
④ 周到
手落ちがなく、すべてに行き届いていることやそのさま。≒綿密(めんみつ)
⑤ 糖分
あるものに含まれているとうるいのせいぶん。

□ **11** イ**ショウ**を凝らしたポスター（センター）

① **コウショウ**な趣味を持つ
② 演劇界の**キョショウ**に会う
③ 出演料の**コウショウ**をする
④ 課長に**ショウカク**する
⑤ 戸籍**ショウホン**を取り寄せる

□ **12** 危険地帯に**フ**み込む（センター〈改〉）

① 株価が**キュウトウ**する
② 役所で不動産を**トウキ**する
③ 前例を**トウシュウ**する
④ 窯で**トウキ**を焼く
⑤ 飛行機に**トウジョウ**する

意匠 物を美しく見せる装飾上の工夫。デザイン。

① **高尚** 学問や言行などの程度がたかく上品なこと。気だかく立派なこと。⇔低俗（ていぞく）

② **巨匠** ある方面、特に芸術の分野で、ひときわ目立つすぐれた人。

③ **交渉** 特定の事柄を取り決めるために、合意を目指して相手と話し合うこと。≒折衝（せっしょう）

④ **昇格** 地位・階級などをあげること。また、あがること。

⑤ **抄本** げんぽんの書類や文書の一部分を抜粋したもの。⇔謄本（とうほん）

踏 物や地面に足をつけ、力をかけること。

① **急騰** 突如、飛躍的に物価や相場などが上がること。⇔急落（きゅうらく）

② **登記** 一定の事項を広く社会に公示するため、公の帳簿に載せること。

③ **踏襲** 前人のやり方や説をそのまま取り入れ、受け継ぐこと。

④ **陶器** 素地が十分に焼き締まらず吸水性があり、その上にうわぐすりを施したうつわなどの焼き物。

⑤ **搭乗** 船や車、飛行機などにのり込むこと。

13 浜辺の**カワ**いた砂

① 渋滞を**カンワ**する
② 新入生を**カンゲイ**する
③ 難題に**カカン**に挑む
④ 浅瀬を**カンタク**する
⑤ **カンデンチ**を買う

（センター）

14 自然の**セツリ**

① 電線を**セツダン**する
② 予算の**セッショウ**をする
③ **セットウ**の罪に問われる
④ **セツジョク**を果たす
⑤ 栄養を**セッシュ**する

（センター）

乾

熱などによって、物に含まれている湿気・水分がなくなること。

① 緩和　物事の状態の厳しさや激しさの程度をゆるめたり、やわらげたりすること。⇔緊縮（きんしゅく）
② 歓迎　よろこんでむかえること。好意を持って受け入れること。
③ 果敢　決断力に富み、物事を思い切って大胆に行うさま。≒敢然（かんぜん）
④ 干拓　湖沼・海浜などを埋め立てて陸地や耕地にすること。
⑤ 乾電池　一次でんちの一つ。利便性を重視した、炭素棒と亜鉛で作る固形のでんち。

摂理

自然界を支配している法則や、神の計画・配慮のこと。

① 切断　たちきること。接続部をきり離すこと。
② 折衝　利害の異なる相手と問題解決に向けて交渉や駆け引きを行うこと。≒交渉（こうしょう）
③ 窃盗　他人の財物をひそかに奪うことやその奪った人。
④ 雪辱　恥をすすぐこと。試合などで、前に負けた相手を破って、名誉を取り戻すこと。
⑤ 摂取　自分のものとしてとり入れること。栄養物を体内にとり入れること。

15 センレンされた文章

① センリツに乗せて歌う
② センジョウして汚れを落とす
③ 利益をドクセンする
④ 言葉のヘンセンを調べる
⑤ センスイカンに乗る

（センター）

16 売り上げのバイゾウ

① 細菌バイヨウの実験
② 印刷バイタイ
③ 裁判におけるバイシン制
④ 事故のバイショウ問題
⑤ 旧にバイするご愛顧

（センター〈改〉）

洗練

① 旋律
② 洗浄
③ 独占
④ 変遷
⑤ 潜水艦

詩歌・文章の表現を改良すること。趣味などを優雅で高尚なものにすること。❗「洗煉」とも書く

音にリズム・高低・長短などの動きを付け、つながりまとまったもの。

薬品などで汚れをあらい去ること。

他人を排し、自分だけのものにすること。ひとりじめ。

様々なものが時の流れとともにうつりかわること。

魚雷・ミサイルなどを装備し、すいめん下を行動する軍事用船舶のこと。

倍増

二ばいにふえること。

① 培養
② 媒体
③ 陪審
④ 賠償
⑤ 倍

動植物の胚や組織、微生物を人工的に生育・増殖させること。物事の根本を育てること。

一方から他方へ伝達するための手段となるもの。

一般人が裁判に立ち合い、法に基づいて有罪・無罪の判断を行うこと。

他の人に与えた損害をつぐなうこと。≒弁償（べんしょう）

（「旧にばいする」の形で）これまでよりも一層程度を増すこと。

■17
様々な**ヨウイン**が絡む

①観客を**ドウイン**する
②**ゴウイン**な勧誘に困惑する
③**コンイン**関係を結ぶ
④**インボウ**に巻き込まれる
⑤不注意に**キイン**した事故を防ぐ

（センター）

■18
ヤッカイな問題を抱える

①ご**リヤク**がある
②**ツウヤク**の資格を取得する
③**ヤクドシ**を乗り切る
④**ヤッキ**になって反対する
⑤**ヤッコウ**がある野草を探す

（センター）

要因　事物・事件の成立や、発現のもととなるもの。

①**動員**　多様な目的のために、多くの人やものを集め駆り出すこと。
②**強引**　物事に対する抵抗や反対を押し切って、無理やり実行すること。
③**婚姻**　男女が社会的な承認のうえ、夫婦関係を結ぶこと。
④**陰謀**　ひそかに企てられるはかりごと。
⑤**起因**　ある物事がおこる根本となること。事の発端。
！「基因」とも書く

厄介　手間がかかり、わずらわしいこと。

①**利益**　（「ごりやく」の形で）仏・菩薩などがそれを信じるすべての生き物に恵みを与えることやその恵み。
②**通訳**　異なる言語を話す人の間に立ち、両者の言葉をわかりやすく変えて相手方に伝えること。
③**厄年**　一生のうち、不幸や災いにあう恐れが多いと信じ、忌み慎むとしのこと。
④**躍起**　焦ったり熱中したりしてむきになることやそのさま。
⑤**薬効**　くすりを飲んだことによって見られるこうかのこと。

□ 19 実刑がセンコクされる

① 上級裁判所へのジョウコク
② コクメイな描写
③ コクビャクのつけにくい議論
④ コクソウ地帯
⑤ 筆跡がコクジした署名

（センター）

□ 20 病気をイやす

① 物資をクウユする
② ヒユを頻用する
③ ユエツの心地を味わう
④ ユチャクを断ち切る
⑤ キョウユとして着任する

（センター〈改〉）

宣告
刑事事件の公判廷で、裁判長が判決をつげること。広く言いわたすこと。

① 上告
控訴審の判決に対し、さらにうえの裁判所へ不服を申し立てること。

② 克明
あきらかにすること。真面目で正直であるさま。≒丹念（たんねん）

③ 黒白
事の是非。良いことと悪いこと。

④ 穀倉
こくもつを蓄えておくためのそうこ。

⑤ 酷似
非常によくにており、そっくりなこと。

癒
病気や傷、苦痛、飢えなどを治したり、和らげたりすること。

① 空輸
飛行機などで旅客や物資を運ぶこと。

② 比喩
物事を説明する際に、類似している他の物事を借りて表現すること。

③ 愉悦
心からたのしみ、よろこぶこと。

④ 癒着
物事が互いに深く依存し、離れがたく結び付いていること。傷口がふさがること。

⑤ 教諭
幼稚園、小・中・高等学校、特別支援学校などにおける先生。

□21 表面的な態度を取りツクロう

① 収益のゼンゾウを期待する
② 事件のゼンヨウを解明する
③ 建物のエイゼン係を任命する
④ 学生ゼンとしたよそおい
⑤ ゼン問答のようなやり取り

（センター）

□22 事態のシュウソクを図る

① 度重なるハンソクによる退場
② 健康をソクシンする環境整備
③ ヘイソクした空気の打破
④ 一触ソクハツの状態
⑤ ソクバクから逃れる手段

（センター〈改〉）

繕

事実を隠して外から見た印象を良くすること。また、衣類を補修すること。

① 漸増
徐々にふえていくこと。⇕逓減（ていげん）

② 全容
ぜんたいの姿・形。中身のすべて。

◎③ 営繕
建造物を新築したり修理したりすること。

④ 然
前の語や文脈について、いかにもそのような状態・様子であることを表す。

⑤ 禅
（「ぜん問答」の形で）わかったようなわからないような、真意が捉えにくい会話ややり取り。

収束

混乱や非常事態などがひとまずおさまること。

① 反則
法令や決まりに背くこと。

② 促進
物事が早く運ぶように働きかけること。⇕抑制（よくせい）

③ 閉塞
通路や出入り口がふさがること。先行きが見えない状態であること。

④ 即発
（「一触そくはつ」の形で）少し触れればすぐにばくはつしそうなほどの危機的状態にあるさま。

◎⑤ 束縛
思想・感情・行動に制限を加えて、自由を奪うこと。⇕解放（かいほう）

23 日々の生活を**カエリ**みる（センター）

① **コイ**か過失かという争点
② **コシキ**ゆかしき伝統行事
③ 一同を**コブ**する言葉
④ **コドク**で華麗な生涯
⑤ **コリョ**の末の優しい言葉

24 関係の破綻を**カイヒ**する（センター）

① 海外の**タイカイ**に出場する
② **タイカイ**に飛び込み泳ぐ
③ 方針を一八〇度**テンカイ**する
④ 天使が**ゲカイ**に舞い降りる
⑤ 個人の考えを**カイチン**する

顧　過ぎ去ったことを思い返すことや、心にとどめ考えること。

① 故意　わざとであること。自覚しながら罪を犯すこと。
② 古式　伝わり続ける、昔風の決まったやり方。
③ 鼓舞　大いに励まし、人の気持ちを奮い立たせること。
④ 孤独　頼りになる人がなく、ひとりぼっちであること。
⑤ 顧慮　あることをしっかり考えに入れて、それについて思いをめぐらすこと。（正解）

回避　不都合な事態が起こりそうな物事をさけること。

① 大会　多くの人が集まる催し。ある組織の集まりなども指す。
② 大海　広々としたおおきなうみのこと。
③ 転回　方針や方向などを大きく変えること。まわったり、まわしたりすること。（正解）
④ 下界　天の上に対して、人々が生活するこの世のこと。
⑤ 開陳　人の前で意見などをありのままに申し述べること。

25 経費をシュクゲンする

①前途をシュクして乾杯する
②シュクシュクと仕事を進めた
③シュクテキを倒す日が来た
④紳士シュクジョが集う
⑤グンシュク会議が開かれる

（センター〈改〉）

26 教えをタれる

①ベートーヴェンにシンスイする
②寝不足でスイマに襲われる
③ブスイな振る舞いに閉口する
④親元を離れてジスイする
⑤鉄棒でケンスイする

（センター）

縮減

① 祝
② 粛粛
③ 宿敵
④ 淑女
⑤ 軍縮

垂

① 心酔
② 睡魔
③ 無粋
④ 自炊
⑤ 懸垂

計画や予算などの規模を小さくすること。

喜びいわうこと。

厳かなさま。静かでひっそりとしているさま。

久しい、以前からのてき。

おしとやかで品位のあるじょせい。

兵力や兵器など、戦争への備えの規模や数量を減らすこと。

目上の者が目下の者に示すこと。「言う」を卑しめていう語。

ある人や物事にこころを奪われて熱中すること。虜になること。≒傾倒（けいとう）

引きずり込まれるような眠気を人外的な力に例えていう語。

野暮なこと。男女間における人の気持ちや、遊び心などに疎いこと。

じぶんで食事を作り、生活すること。

まっすぐにたれ下がること。その状態で腕を屈伸させ、体を上げ下げする運動。

27 タイガイの人は知らない本 （センター〈改〉）

① ガイハクな知識を持つ
② 不正を行った者をダンガイする
③ 制度がケイガイ化する
④ 故郷を思いカンガイにふける
⑤ 会議のガイヨウをまとめる

28 ジュンタクな資産 （センター）

① 水をジュンカンさせる装置
② 温暖でシツジュンな気候
③ ジュンキョウシャの碑
④ 夜間にジュンカイする警備員
⑤ ジュンドの高い金属

大概　人や物事の全部ではないが、そのほとんどの部分がそうであるさま。

① **該博**　あらゆる方面のことについて広く通じていること。学識の広いこと。
② **弾劾**　罪状・悪事をはっきりさせ、責任を取るように求めること。
③ **形骸**　内容を失い、外から見たかたちだけが残っているもの。
④ **感慨**　心に深くかんじ、ため息をもらすこと。しみじみとした気持ちになること。
⑤ **概要**　物事の大切な点をまとめたもの。おおよその内容。≒梗概（こうがい）

潤沢　物資や利益などが豊かでゆとりがあること。つや・うるおい。≒豊富（ほうふ）

① **循環**　一回りして、元の場所あるいは状態にかえること。また、それを繰り返すこと。
② **湿潤**　水分が多く、しめっていることやそのさま。
③ **殉教者**　（「じゅんきょう」の形で）信仰するしゅうきょうのために苦難を受け、自己の生命を犠牲にすること。
④ **巡回**　ある目的のために各地を順次に移動し、見てまわること。
⑤ **純度**　物質中に目的とする物の含まれる割合。どのくらい混じり気がないかを表すもの。

□29 タンテキに表す（センター〈改〉）

① タンネンに育てた盆栽
② コタンの境地を描いた小説
③ ダイタンな意見の表明
④ 一連の事件のホッタン
⑤ 真相のあくなきタンキュウ

□30 メロディをカナでる（センター〈改〉）

① 事件のソウサが続く
② ソウガンキョウで鳥を観察する
③ 在庫をイッソウする
④ 国王に意見をソウジョウする
⑤ 工場がソウギョウを再開する

端的　余計なものがなく、明白なこと。
① 丹念　細かいところにまで注意を払うこと。誠意を持って丁寧に行うこと。≒克明（こくめい）⇔粗雑（そざつ）
② 枯淡　人柄や性質などがさっぱりしていて趣があることやそのさま。
③ 大胆　普通でない思い切ったことをするさま。度胸があり、物事を恐れないさま。⇔繊細（せんさい）
④ 発端　物事の始まりや事の起こり。書物のはじめ。
⑤ 探究　物事の意義・本質などを深くさぐり、見極めようとすること。

奏　楽器、中でも管弦楽器で曲をえんそうすること。
① 捜査　専門の機関が犯人や犯罪に関する証拠を調べて収集すること。
② 双眼鏡　二個のレンズが平行に並び、拡大された遠景を立体的に見ることができる光学機械。
③ 一掃　溜まっていたものを残らず払い除くこと。≒払拭（ふっしょく）
④ 奏上　天皇・国王などに申しあげること。
⑤ 操業　機械を動かすなどして労働をすること。

□ 31 台本をボウヨみする役者 （センター〈改〉）

① 生活がキュウボウする
② お調子者にツウボウを食らわす
③ ボウダイな政策
④ ムボウな計画を批判する
⑤ 国家のソンボウにかかわる

□ 32 高い地位をシめる （センター）

① センパクな言動に閉口する
② 新人選手がセンプウを巻き起こす
③ 建物が違法にセンキョされる
④ 法廷で刑がセンコクされる
⑤ センザイ的な需要を掘り起こす

棒読
抑揚や感情をつけず、一定の調子でよみ上げること。

① 窮乏
金銭や物が著しく不足して、生活が困難になること。

② 痛棒
（「つうぼうを食らわす」の形で）手厳しく叱って懲らしめること。

③ 膨大
まとめきれないほど多量なこと。物事の数や量がふくれておおきくなること。

④ 無謀
方法や結果について深く考えず、計画性のないこと。思慮の欠けた行動をすること。⇔慎重（しんちょう）

⑤ 存亡
そんぞくするか消滅するかということ。生きるか死ぬか。

占
ある物事・場所・地位などを自分のものにすること。

① 浅薄
学問や思慮があさく、行き届いていないことやそのさま。

② 旋風
社会の反響を呼ぶような突発的な出来事。渦を巻いて吹き上がるかぜ。

③ 占拠
ある場所を特定のものでせんゆうして、他人を入らせないようにすること。

④ 宣告
刑事事件の公判廷で、裁判長が判決をつげること。広く言いわたすこと。

⑤ 潜在
表面には見られず、内に隠れていること。⇔顕在（けんざい）

□ 33 **グンコウ**を競う武士

① つまらないことに**コウデイ**する
② 彼の意見には**シュコウ**できない
③ 出来の**コウセツ**は問わない
④ **コウザイ**相半ばする
⑤ ごつごつして**セイコウ**な文章

（センター）

□ 34 **ヨウイ**に解ける問題

① 事の**ケイイ**を説明する
② **カンイ**な手続きで済ませる
③ **イサン**を相続する
④ **イダイ**な人物の伝記
⑤ **イサイ**は面談で伝える

（センター〈改〉）

軍功
戦争における手柄。

① 拘泥
あることを必要以上に気にとめ、とらわれて融通が利かなくなること。

② 首肯
うなずき納得すること。賛成すること。

③ 巧拙
上手なことと下手なこと。

◎④ 功罪
（「こうざい相半ばする」の形で）手柄と過ちが半々で、良いとも悪いともいえないこと。

⑤ 生硬
表現などが未熟でかたく感じること。頑固な態度のこと。

容易
難しさがなく、苦労せずに行えること。
≒簡単（かんたん）

① 経緯
そこに至るまでの道筋。物事の込み入った事情。
≒経過（けいか）

◎② 簡易
たやすく手軽であること。

③ 遺産
亡くなった人が残した財のこと。所有権・債権などの権利の他に債務も含まれる。

④ 偉大
並外れて立派で非常に価値があるもの。

⑤ 委細
こまごまとした詳しい事情。⇔概略（がいりゃく）

□35 思い出すケイキとなる出来事 （センター）

①ケイコウとなるも牛後となるなかれ
②リサイクル活動をケイハツする
③これまでのケイヤクを見直す
④豊かな自然のオンケイを受ける
⑤経済の動向にケイショウを鳴らす

□36 仲の良いドウリョウ （センター）

①若手のカンリョウ
②チリョウに専念する
③荷物をジュリョウする
④なだらかなキュウリョウ
⑤セイリョウな空気

契機　ある事象が発生するきっかけや要因のこと。

①鶏口　（「けいこうとなるも牛後となるなかれ」の形で）大きな勢力に付き従うより、小さな集団で上に立つ方がよいこと。
②啓発　人が気付かずにいることを、教え導くこと。
③契約　二人以上の意思が合って生じる法律上の行為。やくそくすること。
④恩恵　めぐみ。いつくしみ。
⑤警鐘　危険を予告し、注意を促すもの。危険を知らせる合図のかね。≒警告（けいこく）

同僚　職場や役目、地位などがおなじであることやその人。

①官僚　政策決定など、政治の動きに影響力を持つような中・上級の公務員のこと。
②治療　病気や怪我をなおすこと。また、そのために施す医学的行為のこと。
③受領　お金や物をうけ取ること。
④丘陵　傾斜がなだらかで、起伏の低い山の集まり。
⑤清涼　きよらかで適度に冷たく心地よいことやそのさま。

共通テスト形式問題③

▼傍線部に相当する漢字を含むものを、選択肢から一つ選べ。

□1 数分テイドの遅れが生じる（センター）

① 修学旅行のニッテイが決まる
② 上空からテイサツ飛行をする
③ 当事者にチョウテイ案を示す
④ 問題をテッテイ的に考える
⑤ 平和条約をテイケツする

□2 琵琶のバンソウが鳴る（センター）

① 家族ドウハンで旅をする
② ハンカガイを歩く
③ 資材をハンニュウする
④ 見本品をハンプする
⑤ 著書がジュウハンされる

正解 意味

程度 他のものと比べたときに示される性質やほどあい。また、適切なほどあい。

① 日程 仕事や旅行など、まいにちの予定。スケジュール。
② 偵察 敵や相手の動き・様子をひそかに探ること。
③ 調停 第三者が間に入って、当事者の譲歩を促し、争いを解決させること。
④ 徹底 中途半端にせず、最後まで貫き通すこと。
⑤ 締結 条約や契約などをむすぶこと。

伴奏 歌や主な楽器の音を支え、引き立てるため、他の楽器で行う補助的なえんそうのこと。

① 同伴 一緒に連れて行くこと。≠同行（どうこう）
② 繁華街 商店や飲食店が集中していて、多くの人でにぎわっている通り。
③ 搬入 はこびいれることや、持ち込むこと。
④ 頒布 世間に行きわたらせるように、広い範囲で配ること。
⑤ 重版 既刊の書物を、内容の一部を変更して追加増刷すること。

□ 3 クウソな自由 （センター）

① ソエンな間柄になる
② ソゼイ制度を見直す
③ 緊急のソチを取る
④ 被害の拡大をソシする
⑤ 美術館でソゾウを見る

□ 4 シンカンとした神社 （センター）

① 証人をカンモンする
② 規制をカンワする
③ ユウカンな行為をたたえる
④ 勝利にカンキする
⑤ 広場はカンサンとしている

空疎 しっかりした内容がなく、見せかけだけであることやそのさま。≒空虚（くうきょ）

①（正解） 疎遠 とおざかっていて希薄な関係であること。音信や訪問が長く途絶えていること。

② 租税 国家や地方公共団体が法に基づき、国民から徴収する金品のこと。

③ 措置 事態に応じて判断を下し、必要な手続きを取ること。

④ 阻止 邪魔をして、次に行われようとしていることをとどめること。

⑤ 塑像 粘土などの変化しやすい材料で作られたぞう。

森閑 物音が聞こえず、ひっそりと静まり返っているさま。
！「深閑」とも書く

① 喚問 裁判所・議会などの公的な機関が、特定の人物をよび出してといただすこと。

② 緩和 物事の状態の厳しさや激しさの程度をゆるめたり、やわらげたりすること。⇔緊縮（きんしゅく）

③ 勇敢 危険や困難を恐れず自己を貫き通す意志のこと。いさましく果断なこと。

④ 歓喜 非常によろこぶこと。⇔悲哀（ひあい）

⑤（正解） 閑散 ひっそりとしずまり返っているさま。また、暇ですることのないさま。

□ **5** 害虫を**クチク**する

① 資料を**チクセキ**する
② **ボクチク**業を始める
③ 経過を**チクジ**報告する
④ 彼とは**チクバ**の友だ
⑤ 独自の理論を**コウチク**する

（センター）

□ **6** 栄養を**セッシュ**する

① **セツレツ**な文章
② 水は**セッシ**温度零度で凍る
③ 試合に勝って**セツジョク**を果たす
④ 訪問者に**オウセツ**する
⑤ **クッセツ**した思いを抱く

（センター〈改〉）

駆逐　追い払うこと。馬や車などに乗って追いかけること。

① 蓄積　たくさんたくわえること。また、その溜まったものを指す。
② 牧畜　衣食の原料のために牛・馬・羊などのかちくを飼い慣らして繁殖させること。
③ 逐次　一つ一つ順を追って事が行われること。
④ 竹馬　（「ちくばの友」の形で）幼少期からの親しい友達。
⑤ 構築　組み立ててきずくことやその組み立て、つくりのこと。

摂取　自分のものとしてとり入れること。栄養物を体内にとり入れること。

① 拙劣　下手でおとっていること。程度が低く幼稚なこと。⇔巧妙（こうみょう）
② 摂氏　日本でも使われる温度単位。記号は℃で表す。
③ 雪辱　恥をすすぐこと。試合などで、前に負けた相手を破って、名誉を取り戻すこと。
④ 応接　訪ねてきた人を迎え入れて相手をしたりもてなしたりすること。
⑤ 屈折　おれて曲がること。考え方や表現などにわかりにくい点があること。光波などの進行方向が変わること。

□7 読書がシュウカンになる （センター）

① 勝利にカンキする
② 国境線をカンシする
③ 怪我人をカンゴする
④ 血液のジュンカン
⑤ 今までのカンレイに従う

□8 担当官庁とのセッショウ （センター）

① 依頼をショウダクする
② 事実をショウサイに調べる
③ 意見がショウトツする
④ 外国とコウショウする
⑤ 作業工程のショウリョク化を図る

習慣　長い間繰り返し行ううちに、すっかり身に付いたもの。

① 歓喜　非常によろこぶこと。⇔悲哀（ひあい）
② 監視　用心して見張ること、取り締まること。また、その人。
③ 看護　病人や怪我人の手当や世話をすること。≒看病（かんびょう）
④ 循環　一回りして、元の場所あるいは状態にかえること。また、それを繰り返すこと。
⑤ 慣例　以前から変わらず繰り返し行われ、一般的なしきたりになった事柄。

折衝　利害の異なる相手と問題解決に向けて交渉や駆け引きを行うこと。

① 承諾　相手の意見・希望・要求などを聞いて、同意すること。また、引き受けること。⇔拒否（きょひ）
② 詳細　くわしくこまかいことやそのさま。
③ 衝突　相反する利害や主張が対立し、言論や武力で争うこと。物体と物体がぶつかること。
④ 交渉　特定の事柄を取り決めるために、合意を目指して相手と話し合うこと。
⑤ 省力　機械化などによって人手をはぶくこと。

□9 説明しツくせない現象（センター）

①ジンソクに対処する
②テキジンに攻め入る
③損害はジンダイだ
④ジンジョウな方法では解決しない
⑤地域の発展にジンリョクする

□10 端正なキョソ（センター）

①教科書にジュンキョする
②キョシュウを明らかにする
③トッキョを申請する
④キョジツが入り混じる
⑤ボウキョに出る

尽

余すところなく、すべてをやりきること。また、他者のために精一杯努力すること。

①迅速　物事の進度や行動などが極めてはやいことやそのさま。
②敵陣　対立する相手の集まりや拠点のこと。
③甚大　物事の程度が極めておおきいことやそのさま。
④尋常　特別でない、普通のこと。見苦しくなく、すぐれていること。素直・立派なこと。
⑤尽力　ある目的を果たすために精一杯努めること。骨を折ること。

挙措

立ち居振る舞いや動作。

①準拠　あるものを頼り・比較の対象として、それに従うこと。≒依拠（いきょ）
②去就　背き離れることと、付き従うこと。身の処し方。≒進退（しんたい）
③特許　出願された新規で有益な発明に対し、法に基づいて独占権を与える行政行為。
④虚実　うそとまこと。空な状態と満たされている状態のこと。
⑤暴挙　荒々しい振る舞い。また、不法・無謀な行いのこと。

□ 11 物質のカタマリ

①疑問がヒョウカイする
②キカイな現象
③カイモク見当がつかない
④ダンカイの世代
⑤カイコ趣味に浸る

（センター）

□ 12 雑草の生えたでこぼこのサラチ

①セイコウ雨読の生活
②大臣をコウテツする
③コウキュウ的な対策
④技術者をコウグウする
⑤キョウコウに主張する

（センター〈改〉）

塊
①氷解
②奇怪
③皆目
④団塊
⑤懐古

一つにまとまった固形物。一つのところに集まっているもの。

こおりがとけるように、疑念や疑問がすっかりなくなること。

常識では理解できない不思議なこと。理にかなわないさま。

（打消しの語を伴って）まるっきり。全然。

（「だんかいの世代」の形で）昭和二〇年代前半の第一次ベビーブーム時代に生まれた世代のことを指す。

昔のことを思い出し、なつかしさに浸ること。

更地
①晴耕
②更迭
③恒久
④厚遇
⑤強硬

何の用途にも当てられておらず、建築や手入れが行われていない場所。
（「せいこう雨読」の形で）はれた日は田畑をたがやし、雨の日は家で読書をすること。
ある地位や役目に置かれた人など、物事が新たに入れ替わること。×更送
物事のある状態が長く変わらないことやそのさま。≒永遠（えいえん）
丁寧な接待や、地位・給料などで特別に扱うこと。
自分の立場・考えをつよい態度で主張して曲げないことやそのさま。

13 部屋に煙が**ジュウマン**する

① **ジュウコウ**を向ける
② **ジュウナン**に対応する
③ 他人に**ツイジュウ**する
④ 施設を**カクジュウ**する
⑤ **ジュウオウ**に活躍する

（センター）

14 **カケイボ**をつける

① **ゲンボ**と照合する
② 世界的な**キボ**
③ 亡母を**シボ**する
④ 懸賞に**オウボ**する
⑤ **ボヒメイ**を読む

（センター）

充満　あるものでいっぱいになって、みちること。まんぞくすること。

① 銃口　鉄砲類の先端で、弾丸が飛び出す部分のこと。
② 柔軟　堅さ、脆さがなくしなやかなこと。順応性に富んだ処置・判断ができるさま。
③ 追従　人につきしたがうこと。!「ついしょう」と読むと「お世辞を言って相手の機嫌を取ること」の意
④ 拡充　組織や施設をひろげ、完備させること。範囲を押しひろめること。
⑤ 縦横　勝手気ままで自由に振る舞うこと。たてとよこ、あらゆる方面のことも指す。

家計簿　各世帯における収入・支出などの生活費を記入する帳面。

① 原簿　写し取ったものではない、げんぽんとなる書類や帳面。
② 規模　物事の構造・内容・仕組みなどの大きさや複雑さ。
③ 思慕　恋しく、愛おしむ気持ち。懐かしさを感じること。
④ 応募　ある目的のための呼びかけ・収集に対し、自ら手続きをして参加を申し込むこと。
⑤ 墓碑銘　故人の名前や命日とともに石塔に刻まれた、その人の経歴・事績などの文言を指す。

□ **15** 資産をチクセキする （センター）

① ゾウチクしたばかりの家
② 原文からのチクゴヤク
③ ガンチクのある言葉
④ チクバの友との再会
⑤ 農耕とボクチクの歴史

□ **16** 共同体的な相互フジョ （センター）

① 家族をフヨウする
② 遠方にフニンする
③ フセキを打つ
④ 免許証をコウフする
⑤ フソクの事態に備える

蓄積
たくさんたくわえること。また、その溜まったものを指す。

① 増築
在来の建物を壊さず、同じ敷地内で建物の床面積をふやす行為のこと。

② 逐語訳
原文の言葉一つ一つに即して忠実にやくすこと。また、そのやく。

③ 含蓄（正解）
表面上からは読み取れない深い意味を、内に蔵していること。

④ 竹馬
（「ちくばの友」の形で）幼少期からの親しい友達。

⑤ 牧畜
衣食の原料のために牛・馬・羊などのかちくを飼い慣らして繁殖させること。

扶助
力添えをしてたすけること。

① 扶養（正解）
助けやしなうこと。特に生活面で、自活する力がない人の面倒を見ること。

② 赴任
職務として割り当てられた勤務地に行くこと。

③ 布石
（「ふせきを打つ」の形で）将来に備えてあらかじめ手配りをしておくこと。

④ 交付
国や役所などの公的機関が、金銭を供与したり書類などを発行したりすること。

⑤ 不測
あらかじめ予想することのできない、思いがけないこと。

□17 物資がタイリュウする
（センター〈改〉）

① 作業がトドコオる
② 義務をオコタる
③ 休日を振りカえる
④ 苦難にタえる
⑤ フクロの中に入れる

□18 交易にジュウジする
（センター〈改〉）

① ジュウソク感を得る
② フクジュウを強いられる
③ アンジュウの地を探す
④ 列島をジュウダンする
⑤ ユウジュウ不断な態度

滞留
物事が順調に進行せずとまること。旅先にしばらくとどまっていること。

① 滞
問題や障害があり、物事が順調に運ばないこと。

② 怠
やるべきことをやらず、なまけること。

③ 替
他へ移したり、取りかえたりすること。

④ 耐
苦しみや圧迫などをじっと我慢すること。

⑤ 袋
一方のみが開いており、その口を閉じられるようにした、物を入れられる道具。

従事
あることをしごととして、そればかりに携わること。

① 充足
欠けた部分をじゅうぶんに補うこと。また、みちたりていること。

② 服従
他者の意志や命令を聞き、その通りに動くこと。

③ 安住
心配事がなく、落ち着いてそこにすむこと。現在の境遇に満足していること。

④ 縦断
たて、または南北の方向に切ったり進み抜けたりすること。

⑤ 優柔
(「ゆうじゅう不断」の形で) 物事の決断力に乏しく、決断前後に迷ってばかりいること。

19 人口が**コカツ**する

① 経済に**カツリョク**を与える
② 勝利を**カツボウ**する
③ 大声で**イッカツ**する
④ 説明を**カツアイ**する
⑤ **ホウカツ**的な議論を行う

（センター）

20 **コウジョウ**的な不安

① **コウレイ**の餅つき大会を開く
② 社会の進歩に**コウケン**する
③ 地域**シンコウ**の対策を考える
④ **キンコウ**状態が破られる
⑤ 病気が**ショウコウ**を得る

（センター）

枯渇
水などがかれてなくなること。人や物がすっかり減少し、不足してしまうこと。

① **活力**
元気に動いたり、働いたりするための源になるちから。

② **渇望**
のどがかわいたときに水を欲するように、切実に欲求すること。≒切望（せつぼう）

③ **一喝**
大声で叱りつけることやその声のこと。

④ **割愛**
惜しいと思うものを思い切って省略したり、手放したりすること。

⑤ **包括**
全体をひっくるめて、ひとまとめにすること。

恒常
時が経っても、定まっていて変わらないことやそのさま。

① **恒例**
物事がいつも決まって行われること、またその儀式や行事。

② **貢献**
ある物事や社会のために尽力し、利益をもたらすこと。≒寄与（きよ）

③ **振興**
学術や産業などを盛んにすること。

④ **均衡**
力や重さなどの釣り合いが程よく取れていること。≒平衡（へいこう）

⑤ **小康**
病状や事態が一時的に治まり、安定した状態になること。

21 かなを漢字に**ヘンカン**する　（センター〈改〉）

① **カンユウ**をきっぱり断る
② **カンダイ**な処置を期待する
③ 古い美術品の価値を**カンテイ**する
④ 宇宙から無事に**キカン**する
⑤ 部屋の**カンキ**を心掛ける

22 財産の**タカ**にこだわる　（センター）

① **ゴウカ**な食事を満喫した
② 筋肉に少しずつ**フカ**を掛ける
③ **カモク**な人が珍しく発言した
④ **カモツ**を載せて走行する
⑤ **カブン**な賛辞に恐縮する

変換　ある物事・事態が他のものと入れかわること。既存の状態から異なる形式にかえること。

① **勧誘**　相手の気持ちを動かし、ある行動をするようにすすめ、さそうこと。
② **寛大**　心が広く、人の失敗を許して責めないことやそのさま。≒寛容(かんよう)⇔厳格(げんかく)
③ **鑑定**　物事の真偽・善悪・価値などを見さだめること。
④ **帰還**　旅先や戦地などの遠方から故郷や基地に戻ってくること。
⑤ **換気**　室内などの汚れたくうきを外の新鮮なものと入れかえること。

多寡　おおいこととすくないこと。主に数量や程度を示す際に使う。

① **豪華**　ぜいたくではなやかなことやそのさま。
② **負荷**　力や物事が加わること。また、責任や任務を背おうこと。
③ **寡黙**　口数がすくなく、必要なこと以外あまり喋らないこと。⇔饒舌(じょうぜつ)
④ **貨物**　輸送機関によって運送されるものの総称。
⑤ **過分**　身の程に不相応なこと。物事が限度や標準を超えていること。

23 **モウゼン**と迫ってくる（センター）

① 建物が**モウカ**に包まれる
② **モウソウ**にふける傾向がある
③ すべての可能性を**モウラ**する
④ 出場できて**ホンモウ**だ
⑤ 体力を**ショウモウ**する

24 理想と現実が**コウサク**する（センター〈改〉）

① **サクジツ**の失敗を反省する
② **サクイ**的な文章を改める
③ 冒頭の一文を**サクジョ**する
④ 事典の**サクイン**を活用する
⑤ 試行**サクゴ**を経て成功する

猛然 勢いが激しいさま。

①（正解）猛火 激しく燃え立つひのこと。
② **妄想** 根拠のないことを、あれこれと頭の中におもい描くこと。
③ **網羅** 残らず取り入れること。×綱羅
④ **本望** もとから抱いている志や願いなど。また、それを達成して満足であること。
⑤ **消耗** 使い切ってなくなること。体力や気力を使い果たすこと。

交錯 いくつかのものが入りまじること。

① **昨日** 身を置き、過ごしているひの一つ前のひ。❗「きのう」とも読む
② **作為** 人が、自分の意志でつくり出すこと。事実であるかのように手を加えること。
③ **削除** 文章などのある部分をけずり取ること。
④ **索引** 書中の語句や事項などを一定の順序に配列し、その所在を示したもの。
⑤（正解）錯誤 （「試行さくご」の形で）色々な方法を何度も試みては失敗を重ね、解決方法を追求すること。

□25 ソウチを開発する（センター）

①直ちにソウサク隊を出す
②大きなソウドウを引き起こす
③鍛錬でソウケンな身体を作る
④面接でのフクソウに気を使う
⑤古いチソウから化石を採る

□26 圧政が不況にハクシャをかける（センター〈改〉）

①ハクリョクに欠ける
②ハクジョウな態度を取る
③ハクシュを送る
④ハクシキを誇る
⑤罪をハクジョウする

装置
ある目的のために、機械や器具などを備え付けること。また、その設備。

①捜索
行方不明の人や物をさがし尋ねること。
≒探索(たんさく)

②騒動
大勢の人が乱れさわぎ、秩序が乱れること。

③壮健
身心に病気・怪我といった不調がなく、丈夫なこと。

④服装
衣類をはじめとした身に着けるもの。また、それらを着けたときの様子や身なりのこと。

⑤地層
泥・砂・火山灰・生物体などが水底や陸上に沈積し、重なった岩体のこと。

拍車
(「はくしゃがかかる」の形で)事の成り行きに力が加わり、進行が速まること。

①迫力
接した人の心を圧倒するちからのこと。

②薄情
義理や思いやりの気持ちが足りないこと。
≒冷淡(れいたん)

③拍手
りょうてのひらを打ち合わせて音を出すこと。賞賛や賛成などの意思を表して、てを叩くこと。

④博識
広い分野にわたって、多くの物事を知っていることやそのさま。

⑤白状
犯した罪や隠していた事柄を打ち明けること。

□ 27 異物をハイジョする
（センター〈改〉）

① すぐれた人材をハイシュツする
② 少数意見をハイセキしない
③ フハイした社会を浄化したい
④ ハイシン行為の責任を問う
⑤ 優勝してシュクハイをあげる

□ 28 一歩一歩フみしめる
（センター）

① 仮面ブトウ会を開く
② 改正案をケントウする
③ 注文がサットウする
④ 路面がトウケツする
⑤ 旅先でトウナンにあう

排除　押しのけるなどして、そこから取りのぞくこと。

① 輩出　すぐれた人物が続々と世にでること。
② 排斥　人物や思想などを受け入れられないとして、押しのけること。⇔受容（じゅよう）
③ 腐敗　有毒物質や悪臭を発生させること。弊害が生じるほどに精神が堕落すること。
④ 背信　しんらいや約束を破り、裏切ること。
⑤ 祝杯　いわいの酒や、それを注ぐための容器。

踏　物や地面に足をつけ、力をかけること。

① 舞踏　まい踊ること。クラシック・ダンス。
② 検討　様々な面から詳しく調べ、良しあしを考えること。
③ 殺到　多くの人やものなどが、一度に一カ所めがけて押し寄せること。
④ 凍結　こおりつくこと。資産・資金の移動や使用を一時的に禁止すること。
⑤ 盗難　お金や物品が他の人に持ち去られること。

□ **29** 時間的な**ヨウソ**を含む概念　（センター〈改〉）

① **ソセン**を敬う
② **ソゼイ**を課す
③ **ソボク**な人柄
④ 人間関係が**ソエン**になる
⑤ 名誉毀損で**ソショウ**を起こす

□ **30** 平和を**キネン**する　（センター〈改〉）

① 必勝を**キガン**する
② 投票を**キケン**する
③ 運動会の**キバ**戦
④ 開会式の**キシュ**をつとめる
⑤ 仕事が**キドウ**に乗る

要素　物事の成立に欠かせない、根本的な成分や条件。

① **祖先**　その家系の初代や、連なるそれ以前の人々。
② **租税**　国家や地方公共団体が法に基づき、国民から徴収する金品のこと。
◎③ **素朴**　ありのままで飾り気がないこと。人の性質や言動の特徴を表す際にも用いる。
④ **疎遠**　とおざかっていて希薄な関係であること。音信や訪問が長く途絶えていること。
⑤ **訴訟**　公の場にうったえ出て裁決を願うこと。

祈念　神仏に、ある願いが叶うようにいのること。

◎① **祈願**　ある目的が達成されるように、神仏にいのり、熱望すること。
② **棄権**　投票・議決参加をはじめとした、所持しているけんりをすてて行使しないこと。
③ **騎馬**　うまに乗ること。また、うまに乗っている人。
④ **旗手**　団体の行進などで、その団体の印となるはたを持つ役目の人。
⑤ **軌道**　物体が運動するときに描く一定のみちすじ。

□ **31** **キネンヒ**的な造型　（センター）

①**ヒガイ**を食い止める
②**ヒキン**な例を取り上げる
③委員長を**ヒメン**する
④**ヒブン**を刻む
⑤国家が**ヒヘイ**する

□ **32** 国家**セイフク**を目論む　（センター）

①時間を**ギセイ**にする
②日程を**チョウセイ**する
③敵に**センセイ**攻撃を加える
④**イッセイ**に開花する
⑤海外**エンセイ**を取りやめる

記念碑　ある出来事や行事、人の功績などをきねんし、後世に伝えるために建てられた石のこと。

①**被害**　身体・生命・物品を損なうような危険、不利益をこうむること。

②**卑近**　みぢかでありふれており、品位に欠けること。

③**罷免**　職務を辞めさせること。≒免職（めんしょく）

④**碑文**　石に彫られた業績や事跡などの言葉。

⑤**疲弊**　心身がつかれて弱ること。国力や経済力が弱り、苦しむこと。

征服　力の強い人物や国家が対象を支配下におくこと。

①**犠牲**　目的のため損失を厭わず、大切なものを捧げること。いけにえ。

②**調整**　ある基準などに合わせて、過不足などに手を加えながら釣り合いの取れた状態にすること。

③**先制**　相手が行動するよりも前に行動し、相手の計画・行動を抑え、自分の立場を有利にすること。

④**一斉**　いくつかのものが集まって同時に何かを行うこと。

⑤**遠征**　調査・探検・試合などの目的で、離れた場所まで行くこと。

□33 木はクちやすく燃えやすい（センター）

①真相をキュウメイする
②試験にキュウダイする
③カイキュウ差別をなくす
④問題がフンキュウする
⑤フキュウの名作

□34 ネットをバイカイして広まる（センター）

①野菜をサイバイする
②バイショウ責任を求める
③実験にショクバイを用いる
④バイシン員に選ばれる
⑤興味がバイカする

朽

①究明
②及第
③階級
④紛糾
⑤不朽

媒介

①栽培
②賠償
③触媒
④陪審
⑤倍加

腐って形を失ったり、ぼろぼろになったりすること。

ものの道理や真理などを突き詰めてはっきりさせること。

試験に合格すること。一定の基準に到達していること。

身分や地位、能力などにおける上下関係の格付け制度。

意見や主張などが対立してうまくいかないこと。ごたごたすること。≒紛乱（ふんらん）

いつまでも価値を失わずに残り続けること。

両者の間で、なかだちをすること。間に立って関係付けること。≒仲介（ちゅうかい）

食用・観賞用などの目的のために、植物や魚介類の繁殖と生育を保護・管理すること。⇔自生（じせい）

他の人に与えた損害をつぐなうこと。≒弁償（べんしょう）

自らは変化しないが、他のものの反応速度を変化させる物質。

一般人が裁判に立ち合い、法に基づいて有罪・無罪の判断を行うこと。

ばいになったり大幅に増えたりすること。

35 芸術の成果にトウスイする（センター）

① 飛行機のトウジョウ券
② 議論がフットウする
③ トウベンを求められる
④ 亡き人をアイトウする
⑤ 恩師からクントウを受ける

36 ボウギャクな王政を打倒する（センター〈改〉）

① 株価がボウラクする
② ムボウな登山を試みる
③ 安眠をボウガイされる
④ 全軍で一丸となってボウセンする
⑤ 酸素がケツボウする

陶酔 心を奪われてうっとりすること。

① 搭乗 船や車、飛行機などにのり込むこと。
② 沸騰 ものや液体などがわき上がり、煮えたつこと。激しく、盛んになること。
③ 答弁 質問にこたえて説明すること。または、その説明。
④ 哀悼 人の死をかなしみいたむこと。
⑤ 薫陶 徳の力で人を感化し、教育すること。

暴虐 むごい行いが許容の範囲を超え、人を苦しめること。

① 暴落 物価・株価などが急激かつ大幅に下がること。
② 無謀 方法や結果について深く考えず、計画性のないこと。思慮の欠けた行動をすること。⇔慎重（しんちょう）
③ 妨害 邪魔をすること。
④ 防戦 相手や敵の攻撃をふせぐためにたたかうこと。
⑤ 欠乏 不足しており、とぼしいこと。≒枯渇（こかつ）

COLUMN 03

漢字の由来を調べる面白さ

「時鳥」「子規」「杜鵑」「不如帰」。それぞれ何と読むか、ご存じでしょうか。実は、これらはすべて「ほととぎす」と読むのです。同じ「ホトトギス」を指しているのに、これほどの種類の漢字が当てられており、驚いた人も多いのではないでしょうか。それでは、これらの漢字はそれぞれどのような由来を持っているのか、この中から「時鳥」「子規」の二つに絞って見てみましょう。

「時鳥」という表記を見たことはありますか。この漢字の由来はホトトギスの生態にあると言われています。渡り鳥であるホトトギスは、季節の変わり目を知らせる鳥としても扱われます。その時期がちょうど田植えの時期であることから、ホトトギスの鳴き声は農耕の合図とされ、勧農の鳥であったとも言えます。そこで、時を告げる鳥＝「時鳥」と呼ばれるようになったと考えられているのです。

次に「子規」です。明治時代の俳人として知られる正岡子規。彼の本名は正岡常規《つねのり》と言いました。彼は若い頃から「不治の病」とされていた結核を患い、一八八九年に喀血《かっけつ》（血を吐く）したことから、「鳴いて血を吐く」と言われるホトトギスと自分を重ね合わせ、ホトトギスを表す表記の一つである「子規」を俳号としました。そして、一八九七年には俳句雑誌『ホトトギス』を創刊しました。

古い中国の伝説では、ホトトギスが巣立ったヒナが帰ってくるようにと悲しげな声で鳴くことから、「子帰」（シキ）と呼ばれていたものが、やがて「子規」（シキ）と書かれるようになったと言われます。

このように、同じものを指していても異なる漢字や由来が存在していたり、漢字の由来が歴史的経緯や生態、特徴にあったりするという例は多々あります。皆さんも、冒頭に挙げた残り二つの漢字「杜鵑」「不如帰」の由来や、その他身近なものにあてられている漢字・その由来についてぜひ調べてみてくださいね。

特別付録

さくいん

このさくいんには、本書の第1章～第3章で「正解」として掲載された漢字（赤文字）が五十音順に整理されています。

※「意味」の文中で赤文字になっている漢字は掲載していません。

【凡例】

上から「漢字」「読み（ひらがな）」「ページ数」の順に掲載しています。同じ漢字が複数回出題されている場合は、基本的にすべてのページ数を掲載しています。

き 頁◀

さ

頁◀

【訂正のお知らせはコチラ】

本書の内容に万が一誤りがございました場合は、東進 WEB 書店（https://www.toshin.com/books/）の本書ページにて随時お知らせいたしますので、こちらをご確認ください。☞

大学受験　一問一答シリーズ

現代文漢字 一問一答【完全版】

発行日：2023 年 9 月 30 日　初版発行

監　修：**阿辻哲次**

発行者：**永瀬昭幸**

発行所：株式会社ナガセ
〒180-0003　東京都武蔵野市吉祥寺南町 1-29-2
出版事業部（東進ブックス）
TEL：0422-70-7456 ／ FAX：0422-70-7457
www.toshin.com/books（東進WEB書店）
（本書を含む東進ブックスの最新情報は、東進WEB書店をご覧ください）

編集担当：山村帆南

編集協力：湯本実果里　松本六花　田中遼　吉田美涼　三木龍瑛
カバーデザイン：LIGHTNING
コラムイラスト：山村帆南
本文デザイン：東進ブックス編集部
印刷・製本：シナノ印刷株式会社

※落丁・乱丁本は着払いにて小社出版事業部宛にお送りください。新本におとりかえいたします。但し、古書店で本書を購入されている場合は、おとりかえできません。なお、赤シート等のおとりかえはご容赦ください。

ISBN978-4-89085-935-1　C7381